Emer O'Sullivan, * 1957, aufgewachsen in Dublin, hat dort und in Berlin Germanistik und Anglistik studiert. Sie war Stipendiatin für Kinder- und Jugendliteratur der Berliner Stiftung Preußische Seehandlung und arbeitet jetzt am Institut für Jugendbuchforschung der Johann Wolfgang von Goethe Universität in Frankfurt / M.

Dietmar Rösler, * 1951, aufgewachsen in Emden; Studium in Berlin. Zwischen 1977 und 1996 Arbeit an den Fachbereichen Germanistik des University College Dublin, der Freien Universität Berlin und des King's College London. Seither Professor für Deutsch als Fremdsprache an der Universität Gießen.
Bei rotfuchs veröffentlichte er: «Störtebeker im Netz. Eine Science-Fiction?» (Band 803).

Von beiden Autoren liegen vor: «I like you – und du?», «Mensch, be careful!», «Butler & Graf», «Butler, Graf & Friends: Nur ein Spiel?», «Butler, Graf & Friends: Umwege» (Bände 323, 417, 480, 531, 647).

Emer O'Sullivan / Dietmar Rösler

# It could be worse – oder?

**Eine deutsch-englische Geschichte**
mit Fotos von Per Koopmann
und Emer O'Sullivan

Rowohlt

Lektorat Renate Boldt

99.–102. Tausend Januar 1999

Originalausgabe
Veröffentlicht im Rowohlt Taschenbuch Verlag GmbH,
Reinbek bei Hamburg, Oktober 1984
Copyright © 1984 by Rowohlt Taschenbuch Verlag, GmbH,
Reinbek bei Hamburg
Umschlaggestaltung Barbara Hanke
Umschlagfoto Per Koopmann
Alle Rechte vorbehalten
Satz Garamond (Linotron 404)
Gesamtherstellung Clausen & Bosse, Leck
Printed in Germany
ISBN 3 499 20374 x

Die Schreibweise entspricht den Regeln
der neuen Rechtschreibung.

# Inhalt

*Komisch, wie das alles gekommen ist, nicht?*
*Yeah.*
*Ich mein, erst lief es so toll und dann…*
*Then you started behaving a bit strange…*
*Ich? – Du aber auch.*
*Me? I didn't do anything!*
*Moment, fangen wir mal lieber von vorne an.*
*Maybe we should introduce ourselves again first.*
*O. k. Also ich bin Karin Förster. Geboren in Celle. Nach der Scheidung meiner Eltern bin ich mit meinem Vater nach Berlin gezogen. Dort sind vor einem Jahr Paddy und seine Mutter aufgekreuzt.*
*Paddy – that's me: Patrick O'Connor. I come from Wicklow, a town in Ireland. My father died when I was very young and my mother and I have lived alone since then. Maureen is her name. A few years ago, she fell in love with Robert, that's Karin's father…*
*…als der für seine Firma mal kurz nach Irland musste. Das hat die beiden wohl so gepackt, dass Paddys Mutter sich nach Berlin hat versetzen lassen.*
*And I went with her. At first, I didn't really want to – leaving all my friends in Wicklow and moving to a big city in Germany where I didn't know anybody. But my mother and I stayed there for five months and in the end I liked it very much.*
*Und dann musste Maureen wieder zurück. Das war 'ne ziemlich beknackte Situation. Sie und mein Vater waren ganz gut miteinander ausgekommen, und Paddy und ich, na ja, wir, wie soll ich das sagen, wir…*
*…we got to like each other a lot.*
*Ja. Aber trotzdem mussten Paddy und seine Mutter wieder nach Irland zurück.*
*And nobody knew how it would go on from there. That was awful.*

It was great being back in Wicklow, but I really missed Karin a lot. Und Paddy fehlte mir in Berlin. Gut war das sicher nur für die Post. Unsere Telefonrechnung war gigantisch. «Dafür könnte man ja fast rüberfliegen», hat mein Vater gesagt, als er den ersten blauen Umschlag von der Post öffnete. Und zu Pfingsten hat er das auch getan.

My mother was thrilled! I didn't see much of them because they spent the few days, well, alone together, talking about the future. Und diese ‹future› hatte Mitte Juli angefangen. Die Firma, in der mein Vater arbeitet, baut eine Niederlassung in Irland auf. Die bekommen hier irgendwie viel Geld vom Staat dazu, oder so. Genau weiß ich das auch nicht. Jedenfalls hat am Tag nach den Zeugnissen eine Spedition unsere Klamotten abgeholt. Wir sind vom Flughafen Tegel abgeflogen, in London umgestiegen und dann...

Stop – I think that's where the story should begin.

Schon wieder am Flughafen?

Yeah, it starts with a nervous Paddy waiting at Dublin airport for hours, because the Aer Lingus flight No. EI 165 had been delayed.

# Karin fliegt Paddy in die Arme

Die Leute im Flugzeug schienen sich alle zu kennen. Die Maschine war gerade erst zehn Minuten in der Luft, die freundliche Stewardess hatte sich für die lange Verspätung entschuldigt, und schon redeten fast alle Leute miteinander. Das fröhliche Geplauder übertönte sogar den Motorenlärm. Karin sah angestrengt aus dem Fenster hinaus, der klare Himmel versprach einen guten Blick auf die Irische See. Aber so weit waren sie noch nicht.

Ihr Vater, der sich sonst auf Reisen immer hinter seinen Ingenieurs-Büchern versteckte, unterhielt sich mit der Nonne, die in ihrer Reihe am Gang saß. Unterhielt? Na ja, zumindest hörte er freundlich und aufmerksam zu.

«Yes, that was Irish, what they spoke at the beginning: Dia daoibh, a cháirde. Cuireann Aer Lingus fáilte romhaibh ar bord. It means: ‹Good afternoon, or, God be with you, friends. Aer Lingus welcomes you on board.› They always say the greeting in Irish as well as in English.» – «And everyone understands it?», fragte Robert. «Oh yes indeed», antwortete sie lächelnd. «But the safety instructions were only in English…», wandte Robert ein. Die Nonne wurde verlegen. «Well», sagte sie, «most people don't speak enough Irish to unterstand something as difficult as that.»

Karin musste lachen. *Something as difficult as that*, das hatte die Nonne schön gesagt. Paddy hatte ihr in Berlin genau erklärt, dass alle Iren perfekt Englisch, aber sehr viele nur wenig Irisch sprechen. Paddy. Ach, Paddy. Karin atmete tief durch und sah auf ihre Uhr. Noch eine Stunde.

Paddy was playing ‹space-invaders› again. Probably for the fifteenth time. He had played it a lot when it was new. After a while it had disappeared from most of the amusement centres. But here, at the

9

airport, there was still one machine. 5000 points and one cannon to go. Not bad. His personal best was 6500, but that was a long time ago. He was concentrating fully on the fast moving attackers when he heard his mother saying: «Come on, Paddy, I think they have landed now.»

Blast! He was hit. Game over. Why do mothers always disturb you at the worst possible moment? But still, he was glad. For three hours now, they had hung around at the airport waiting for the delayed flight from London. Maureen had gone to the bar and had drunk a glass of sherry or two. She had been very nervous. And Paddy had found the old ‹space-invaders› machine which had – for a while at least – stopped him from thinking about Karin.

An der unbesetzten Passkontrolle vorbei. Die Rolltreppe hinauf. Den Gang lang. Keine Zeit für einen Blick aus dem Fenster auf die Flugzeuge mit dem grün-blauen Streifen und den Namen von Heiligen. Die Treppe runter. Einen Gepäckwagen gegriffen. Neben das Gepäckband gestellt. Jetzt müsste das verdammte Ding doch laufen und die Koffer ausspucken! Nichts rührt sich. Unruhig rollt Karin den Wagen hin und her. Immer noch nichts! Es dauert eine Ewigkeit! Es hat zehn Minuten gedauert, hat ihr Vater später gesagt. Der mit seiner nüchternen Art. Endlich quietscht das Band los. Die ersten Koffer kommen. Natürlich die der anderen Passagiere! Noch eine Ewigkeit! Einige Koffer sind schon auf ihrer dritten Runde. Endlich kommen ihre. Rauf auf den Wagen. Durch den Zoll.

«What have you got to declare?»

Auch das noch! Karin und ihr Vater seufzen resigniert: «Nothing.»

«Then you should have gone through the green channel, this is the red one.»

So ein Blödsinn. sie hatten den falschen Weg durch den Zoll gewählt.

«Could you open this brown bag, please?»

Endlich sind sie durch. Die Tür zum Ausgang öffnet sich, sie blicken in eine Menge unbekannter Gesichter. Ratloses Suchen. «Da!»

Karin merkt gar nicht, wie laut sie das ruft. Das Gepäck bleibt unbeachtet, zwei Paare fliegen sich in die Arme.

They hugged and kissed for what seemed like a very long time. When Paddy was able to think again he thought that probably the whole airport was looking at them. He still held Karin in his arms but looked around. Nobody seemed to mind. A few friendly faces even smiled at them. Their parents were still on another planet. Suddenly Paddy felt a bit awkward. «Welcome to Ireland», he said and let Karin go.

Nachdem Karin und Maureen und Paddy und Robert sich begrüßt hatten, zogen alle vier in Richtung Parkplatz. How different this is from my arrival in Berlin, thought Paddy, and he laughed at the idea that he had called Karin ‹Sie› then. He was also very proud of what was coming.

He had gone to the delikatessen shop in Wicklow und had bought lots of ‹exotic› things – salami, special cheeses and kinds of *Wurst* which you couldn't buy in a normal Irish supermarket. He had even bought some *Gurken* or ‹gherkins› as they were called on the label. They ware all laid out on the table in their kitchen in Wicklow now. He wanted Karin and Robert to feel at home there, right from the beginning.

Karin und Robert waren über Paddys deutsches Abendbrot sehr überrascht. Noch größer war Karins Überraschung, als sie beim Schlafengehen einen Zettel auf ihrem Kopfkissen fand:

> There was a young girl from Berlin
> die zog es nach Irland sehr hin
> Does she love her 'brother'
> like her father his mother?
> Die Frage blieb stets ihm im Sinn

Karin las das Gedicht mindestens zehnmal. Sie war froh, in Irland zu sein. So viel stand jetzt schon fest.

# Ups and downs

The next morning Paddy got a big hug. «Das war ein liebes Gedicht», flüsterte Karin ihm ins Ohr.

Paddy had planned a ‹Grand Tour of County Wicklow› for Karin.

«Now you'll see some real natural beauty», he said, «you can forget your old Grunewaldsee with its queues of Sunday walkers and dogs.»

«Von wegen…», wollte Karin mit der Verteidigung Berlins loslegen, aber da war Paddy schon weggelaufen, um die Fahrräder zu holen. Na ja, dachte Karin, erst mal abwarten.

They were going to head up north through the Devil's Glen – ‹das Tal des Teufels›, übersetzte Paddy für Karin – and through lovely countryside. «We'll turn back when we reach the Great Sugarloaf Mountain», he explained.

«Wie hoch ist denn dein Zuckerhut?», fragte Karin.

«1968 feet high», Paddy stated proudly.

Kling eindrucksvoll, dachte Karin und rechnete. Drei Füße sind etwas weniger als ein Meter. Also nur etwas mehr als 600 Meter. «Das ist ja nur ein größerer Hügel, verglichen mit deutschen Bergen», spottete sie.

«Just you wait and see what your leg muscles feel like tomorrow. Then you can tell me whether they are hills or mountains», said Paddy and grinned.

They had a lovely day cycling in the sunshine. Karin sah zum ersten Mal ein Moor. «Und da holen die wirklich Torf zum Verheizen raus?», fragte sie verblüfft. Paddy smiled: «If you were me that would have been a ‹my God Karin, look at that!› sentence!» They both laughed. It was good to be together again after all that time. For a while they cycled holding hands, but Karin kept losing her balance, so they stopped.

Karin war begeistert. Hinter jeder Ecke tauchte ein anderes Bild auf. Mal waren es Torfstiche, dann große erikabewachsene Flächen, mal

wirkte die Landschaft karg und bedrohlich, mal schlängelte sich ein verlassener Bach durch saftiges Grün. Sie trafen fast niemanden. Es erschien Karin ganz normal, dass sie ‹Hello› sagten, als ihnen zwei Radfahrer entgegenkamen. Das müsste man mal in der U-Bahn machen, dachte sie, jedem ‹Hallo› sagen, der einem begegnet.

They swam in a lake and ate their picnic afterwards. It was a really romantic spot and they enjoyed a smooch-knutsch in the open air.

«Viel besser als ein Picknick bei der Ausländerpolizei», sagte Karin zufrieden und rekelte sich in der Sonne. Paddy was really happy that Karin found Wicklow so beautiful. «I told you so in Berlin», he kept saying.

Obwohl sie so viel miteinander telefoniert hatten, hatten sie sich endlos viel zu erzählen. Der Theo und die Birgit waren wieder zusammen, der Herr Lieberwein hatte die Schule verlassen und arbeitete angeblich auf einem Bauernhof in der Lüneburger Heide, die ‹Bodhrán Beats› hatten sich in ‹Die Klempner› umbenannt und waren nur noch halb so gut wie zu Paddys Zeiten, und Mariann ließ sehr, sehr herzlich grüßen (Karin only said this after Paddy had asked how Mariann was).

Paddy had gone back to his school and had started to play in his old soccer-team again. ‹The German tank› he was nicknamed now, because of all the goals he shot. «And it is great being back with my friends», Paddy told Karin enthusiastically, «you will meet them all soon, I hope.»

Karin war nie in ihrem Leben so viel bergauf und bergab gefahren. Bergauf spielten sie ‹Tour d'Irlande›. Karin hatte gerade einen besonders steilen Hügel erobert und war keuchend weit vor Paddy oben angekommen. «Yahoo! Das gelbe Trikot geht an die blaue Flitzerin aus Berlin», schrie sie, warf die Arme in die Luft und nahm den Applaus des Torfes entgegen. Freihändig fuhr sie die Straße hinunter. Fuhr schneller und schneller. Sah sich um, wo Paddy blieb. Plötzlich war das Fahrrad nicht mehr unter ihr. Mit einem gewaltigen Satz schoss Karin über den Lenker hinaus in einen Graben. Das Fahrrad lag auf der Straße, leicht verbogen. Sie war in ein Loch auf der Straße gefahren.

Paddy got quite a shock. He had heard Karin shout something when she got to the top of the hill, had heard that shout turn into a scream, and then there was silence. When he reached the top, he saw where Karin was lying by the road. In no time he was with her. «Are you, o. k.? My God, I hope you're not hurt, Karin! Say you're all right.»

Karin verzog das Gesicht, während sie ihr Bein abtastete. «Nix gebrochen, ich glaub, ich bin o. k.», sagte sie und stand auf. «Phew!», said Paddy and put his arms around her, «I got such a fright when I saw you lying there.»

Luckily Paddy had some tools with him, and he got to work on Karin's bike while she had a rest on the grass. «It could be worse», he said when he finished fixing it and gave Karin a kiss. «Na ja», antwortete Karin, «könnte aber auch besser sein.» Sie sonnten sich noch eine halbe Stunde und fuhren dann weiter.

Am Abend war Karin ziemlich erledigt. Solche Radtouren in solch frischer Luft war sie nicht gewohnt. «You see, the air here is much better than in Berlin», boasted Paddy.

«Ach, hör doch auf, Berlin schlecht zu machen!», antwortete Karin gereizt. «Du bist da ja schließlich nicht erstickt.»

«No», answered Paddy, «but I was happy to get back here. You'll see yourself what it's like. You'll never want to go back to Berlin again.»

Das konnte sich Karin beim besten Willen nicht vorstellen.

The next morning they went by car with Robert and Maureen. They drove to see old churches, towers and more lakes and forests. It was lovely. In the afternoon they took the dog for a walk through the town.

Nipper sprang um sie herum, während Karin sich etwas steif bewegte.

«What about going for a nice ride on our bikes – there is a lovely waterfall only a few miles away from here», Paddy said jokingly, «and it's uphill all the way!»

«Ha, ha», sagte Karin. So einen Muskelkater hatte sie schon lange nicht mehr gehabt! Und blaue Flecken besaß sie auch mehr als genug. «Scheiß-Berge», schimpfte sie und verbesserte sich schnell, «Hügel, meine ich, Scheiß-Hügel!»

# Ein Schlitz in der Wand

Am Abend trafen sie sich bei Desmond. Seine Eltern waren ins Kino gegangen, und er musste auf seine kleinen Geschwister aufpassen. «Hello everyone», Paddy greeted his friends. «Karin, let me introduce you to Desmond – I told you about him already; we used to play in a band together – Colm, Helen and Pauleen. You know Kieran already. This is Karin, my eh … German lady friend», Paddy grinned.

«*One* of your German lady friends, you mean», said Kieran who had met Mariann when he visited Paddy in Berlin.

«One of your *German* lady friends», added Desmond as he nudged his elbow into Paddy's ribs, «what about all the Irish ones?» He looked at Pauleen who blushed.

Karin gefiel das nicht. Was bildeten sich diese Typen eigentlich ein? Theo hätte gut in diese Runde gepasst. Und dass Paddy seine Kumpels nicht unterbrach, ärgerte sie. Und überhaupt! Wer war denn diese rosarote Pauleen, und was hatte sie mit Paddy zu tun?

Pauleen and Helen moved over and made room for Karin to sit beside them. They were friendly to her and asked her how she liked Ireland and what she had seen of Wicklow. Helen was Colm's sister, and Pauleen was her friend.

Karin erfuhr von ihnen, dass sie auf eine reine Mädchenschule gingen, die von Nonnen geleitet wurde. Sie fragten Karin über Deutschland aus; was Karin erzählte – oder vielleicht wie sie in der fremden Sprache erzählte –, schien für sie sehr lustig zu sein, jedenfalls kicherten die beiden dauernd. Aus der Art und Weise, wie Pauleen Paddy ansah, schloss Karin, dass sie hinter ihm her war.

«And Karin calls our Wicklow mountains hills», Paddy was telling his friends, «imagine that!»

«Are the mountains in Berlin much higher than ours?», Desmond asked. This time Kieran answered. Der glaubt wahrscheinlich, dass er Berlin-Experte ist, weil er ein paar Tage da war, dachte Karin.

«Are you joking?», said Kieran aggressively, «that place is flat as a pancake. It has a few little lakes but that's it – not a single mountain. She should be glad that she's getting to see some really nice countryside here.» Kieran seemed to remember the arguments he had with Karin in Berlin.

«Is Berlin really so flat and awful?», Desmond asked Karin. «No. There are forests and big lakes in Berlin. You can go for long walks there. There are no mountains, but that's not so bad», verteidigte Karin Berlin. Das klingt irgendwie lahm und einfältig, wie ich das auf Englisch sage, dachte sie verärgert.

Auf dem Weg nach Hause legte Paddy seinen Arm um Karins Schultern. «Well, love, how do you like my friends?», he asked. «Ich weiß nicht. Wenn du mit denen zusammen bist, bist du ganz anders... Und dann dieser Quatsch mit deinen gesammelten Frauen und mit den Hügeln und so», antwortete sie und schob seinen Arm weg, «das mag ich alles nicht.»

«Well, I didn't think much of your friends in Berlin either», Paddy was annoyed. «You'll have to get used to them, just as I had to get used to things in Berlin.»

«Das werden wir noch sehen», gab Karin zurück.

They walked home in silence.

An diesem Abend schrieb Karin einen langen Brief an Cristina. Sie erzählte vom blöden Verhalten dieser Typen, von den Seen, vom Torf, von der Radtour und viel von Paddy.

The next morning she asked him where the nearest postbox was. «I'll bring you there», he said. They only had to walk a short distance. «There it is», Paddy pointed, «you can post your letter here.»

Karin blickte misstrauisch auf einen Schlitz in der Wand. Er war grün umrandet; unten standen ein paar Uhrzeiten. Da sollte sie ihren Brief reinwerfen? Ihn einfach so in einer Mauer verschwinden lassen? Das konnte doch nicht der richtige Briefkasten sein! Paddy wollte sie bestimmt auf den Arm nehmen.

«Vielleicht sollte ich ihn lieber in den schönen Kasten da reinwerfen. Da kommt er bestimmt schneller in Deutschland an», sagte sie mit ernstem Gesicht und zeigte auf einen Mülleimer.

Paddy laughed. «You don't believe that it's a postbox, do you?»

«Na ja, Briefkästen sehen irgendwie anders aus. Ich weiß nicht, was mit meiner Post passieren würde, wenn ich…»

Paddy thought this was very funny. He had posted all his letters to Karin in Berlin into this box, and they had all arrived. But, of course, he could show her another one if she wanted.

Der sah dann schon eher wie ein richtiger Briefkasten aus. Rund und dick wie eine abgestumpfte Litfaßsäule. Genau wie ein englischer Briefkasten, nur eben grün und nicht rot.

Paddy told Karin that most of the postboxes in Ireland were from the time when Ireland was ruled by Britain. «They used to be red», said Paddy, «just like in England. My grandfather remembered how they painted them all green when he was a boy.» Paddy looked around. No one near. He took his penknife out of his pocket and scraped and scraped on one spot. Under lots of layers of green paint he was finally able to show Karin the bright English postbox red.

«Is ja irre», sagte sie und warf ihren Brief ein.

Das grüne Briefkastenloch in der Mauer wurde ebenso fotografiert wie die Madonna vor der Kirche. Drei Filme verschoss Karin in der ersten Woche. Dabei knipste sie nur Sachen, die für sie neu waren. Doch davon gab es mehr als genug.

At the beginning of her second week in Wicklow, Paddy said to Karin: «Will we go for a mooch in the town?»

«Warum nicht hier auf dem Sofa», antwortete Karin etwas verwirrt. Warum sollte man denn in die Stadt gehen, um zu schmusen? «You can't mooch on a sofa», Paddy said, and now he looked very puzzled.

«Warum denn nicht? In die Stadt muss man deswegen bestimmt nicht fahren», gab Karin zurück.

All of a sudden Paddy realized that Karin thought he had meant smooch. «Not a *smooch* – a *mooch*. That's when you go for a walk in the town and look at the shops and what's happening. Of course, we could have a smooch instead if you want…», he said and went towards her.

Sie kamen aber weder zu einem *smooch* noch zu einem *mooch*, denn in diesem Moment kamen Robert und Maureen gut gelaunt nach Hause und verkündeten, dass sie soeben ein Haus in Dublin gekauft hatten.

Even before Karin and her father had arrived in Ireland, it had been decided that the O'Connors and the Försters would move to Dublin. Maureen had been working in the Dublin head office since she came back from Berlin, and Robert's work was in Dublin, too.

Karin and Paddy wanted to go to Dublin straight away to see the house, but Maureen and Robert said no.

«Im Augenblick ist es eher eine Baustelle», sagte Robert, «wir haben zwei winzige Häuschen gekauft, die nebeneinander liegen. Und jetzt müssen Wände durchgebrochen und Leitungen gelegt werden, ein neuer Fußboden kommt rein…»

Maureen interrupted him. «We thought the two of you might like to go up to Donegal for a week or two and visit my mother», she said, «Donegal is beautiful at this time of year.»

Karin and Paddy looked at each other. Obviously their parents had made the decision for them. They didn't like that. But the idea wasn't bad: Just the two of them going away together. Paddy liked it. Karin auch.

«Und wo liegt dieses Donegal?», fragte sie.

Paddy took a piece of paper and drew the shape of Ireland. «Now, this is Ireland», he said, «and up here in the north-west is County Donegal. Granny lives in a little village there, called Portnoo.»

«Oh, wohnt deine Oma in Nordirland?», fragte Karin.

«No», Paddy answered and drew another line, «this bit here is Northern Ireland and the bit to the left of it is Donegal. It belongs to the Republic. It's really beautiful up there. And that granny is quite nice.» He emphasized *that*, because he didn't like the other granny much, his father's mother, who lived in Dublin.

«Gut», sagte Karin, «dann trampen wir nach Donegal.»

«Kommt gar nicht in Frage!» – «Out of question!», sagten Robert und Maureen gleichzeitig. «Ihr nehmt den Zug», bestimmte Robert.

«There are no trains to Donegal», Paddy said quickly, pleased with himself.

«But there are buses», his mother added.

«Oh, Mum», Paddy moaned, «it takes ages on the bus. And we would probably have to change all the time. And then we might miss one or one might break down or something. Hitching is more fun.»

«Und wir sind wirklich alt genug, Maureen», unterstützte ihn Karin, «ich bin in Deutschland auch schon getrampt.»

«You are not hitching *und damit basta*, as you say in Germany», Maureen replied, «and there is a direct Dublin-Donegal bus. You're not going to the end of the world, you know.»

Paddy grunted. He knew there was no way he could convince his mother.

«Na, dann fahren wir eben mit 'm Bus», maulte Karin, «so was Langweiliges.»

# A bus to the end of the world

Ein paar Tage später ging es los. Auf der Fahrt nach Dublin bestanden Karin und Paddy darauf, wenigstens schnell am neuen Haus vorbeizufahren. So wurde es ziemlich knapp, als sie endlich an Busáras, dem zentralen Busbahnhof, ankamen. Paddy und Kartin took their bags out of the car, said goodbye, and rushed in to buy the tickets. «The Donegal bus, calling at Navan, Kells, Virginia, Cavan, Enniskillen and Ballyshannon, will be departing in two minutes», kam es über den Lautsprecher. «Was ruft der Bus denn?», fragte Karin. «Vielleicht: ‹Hallo, ich bin der freundliche Donegal-Bus›?»

«What?» Paddy didn't know what Karin was talking about.

«Na, die Ansagerin hat gerade gesagt, *The Donegal bus calls at Navan* und so weiter. Ich wollte bloß wissen, was er Navan zuruft.»

«Oh, God, Karin», groaned Paddy, «can't you save your brilliant jokes till later?» He bought two tickets to Donegal.

Draußen parkten viele Busse. Das Reiseziel stand jeweils vorn dran, aber auf Irisch. «Look out for the bus to Dún na nGall», hatte Paddy ihr im Auto gesagt. An der Tür ihres Busses standen ein alter und ein jüngerer Mann. «Is this the bus to Donegal?», Paddy asked. The old man looked at him and said: «Well, they told me it was. But I wouldn't mind what they'd say to you. Sure they'd tell you you were on the bus to heaven and you'd be on the bus to hell.»

Karim musste wohl sehr dumm geguckt haben, als sie das hörte, denn der junge Mann sagte gleich beruhigend zu ihr: «Don't mind old Joe, Miss, this is the Donegal bus all right.» Sie stiegen ein.

Im Bus gab es nur noch wenige freie Plätze. Karin fand einen in der ‹no-smoking›-Abteilung. Aber die ‹no-smoking›-Plakate, die auf den Fenstern klebten, schienen niemanden zu stören. Die beiden Männer vor ihr qualmten jedenfalls wie die Schlote. Neben Karin am Fenster saß eine Frau mit diversen Einkaufstaschen. Auch sie rauchte.

Paddy got a seat in the back row. Next to him sat a fellow of his age reading a book. When he stopped to light a cigarette Paddy could see the title. ‹Albeson and the Germans›, it was called. Paddy smiled. Germans everywhere. «What kind of book is it?», he asked his neighbour.

«I'm only half way through, but it's good stuff», he said. «It's about a school in England. The pupils have just heard that two German kids are going to come there. And this Albeson fellow is pretty upset. He knows that Germans eat people and that they killed his Grandpa during the war. He tries to stop them from coming to his school.» Paddy smiled. These clichés about Germany! That would be a book for Karin, he thought. He should show her one of those TV-series one day, too, where cruel Nazi-soldiers shout «Schweinehund» all the time. Since he had been in Berlin, Paddy didn't like that kind of programme any more.

Während Paddy an Karin dachte, mampfte die gerade Kekse. Angeblich waren das Kekse mit Feigen drin. Ihre Nachbarin hatte sie aus einer ihrer Einkaufstaschen herausgeholt und ihr angeboten. «Where are you from?», hatte sie gefragt, während sich der Bus langsam von einer Ampel zur nächsten aus der Stadt quälte.

«Berlin.»

«East or West?»

Blöde Frage, dachte Karin und sagte schnippisch: «If I came from the East, I wouldn't be here!» Aber dann fiel ihr ein, was sie vor Paddys Ankunft über Irland gewusst hatte – nämlich nichts. Sie schämte sich ein bisschen, dass sie so reagiert hatte, und sagte: «I come from West-Berlin.»

«Are you here on holidays?», the woman asked.

«Well, not really», antwortete Karin. «My family has come to Ireland to live here.»

«Oh, I see», said the woman, «and are they travelling with you now?»

Karin wollte nicht gleich ihre familiären Verhältnisse ausbreiten. «No, I'm travelling with a friend. Do you live in Donegal?», drehte sie schnell den Spieß um.

«No, I'm from Cavan», antwortete die Frau und bot Karin noch einen Keks an.

Rosie Moloney hieß sie und sechs Kinder hatte sie, erfuhr Karin. Sechs Kinder! Dabei war sie kaum älter als Maureen. In Dublin hatte sie eingekauft, hauptsächlich Klamotten für die Kinder. «Things are cheaper in Dublin, you know, and children got through clothes so quickly», erklärte sie, während sie Karin die neuen T-Shirts und Strumpfhosen zeigte. Für Oliver, den Siebenjährigen, hatte sie eine Latzhose gekauft. Vorne hatte die eine Tasche mit Reißverschluss drauf. Karin legte einen Bonbon hinein: «He will get a surprise when he puts them on», sagte sie.

After Mrs. Moloney got out in Cavan, Paddy was able to sit beside Karin. «Karin, eh…», he didn't know how to begin, «well, Karin…»

«Was ist denn los, Paddy?», fragte Karin und lächelte ihn an.

«Well», Paddy said quickly, «I wanted to give you this last night, but I didn't get a chance.»

Er drückte ihr ein kleines Kästchen in die Hand. Karins Herz klopfte, als sie es öffnete. Ein silberner Ring lag darin mit zwei Händen, die ein Herz hielten. Und über dem Herz war eine Krone. Karin war sprachlos. Sie umarmte Paddy und steckte dann den Ring auf ihren linken Ringfinger.

«Stop!», Paddy cried, more dramatically than he wanted to, «that's going a bit too far.»

«Wieso, darf ich den denn nicht tragen?», fragte Karin verblüfft.

«Yes, but when you wear it on the left hand it means you are married», Paddy explained.

«If you wear it on your right hand with the bottom of the heart pointing inwards towards your own heart, it means that you are going out with someone. And if you wear it on your right hand with the bottom of the heart pointing outwards to the tips of your fingers, it means that you are still ‹free›.»

«Aha», sagte Karin und streifte ihn sich über den Ringfinger der rechten Hand. Die Spitze des Herzens zeigte nach innen. Paddy smiled, satisfied, and gave Karin a kiss.

«Hände, Herz und Krone – ein ungewöhnlicher Ring», sagte Karin, «sieht irgendwie religiös aus. Bedeutet das etwas?»

«Oh, yes», Paddy replied, «there are lots of different stories. The one my mother told me goes like this:

At the end of the sixteenth century when England and Spain were at war with each other, some of the ships of the Spanish Armada were wrecked off the coast of Ireland. Lots of Spaniards stayed in our country. One nobleman fell in love with a poor Irish girl and wrote to his family that he was going to marry her. They said he would be cut off from the family without a penny, if he did. But he married his Irish girl and gave her this ring. It says that he has nothing to give her, no riches, no title, just his heart with a crown on it to show that he comes from a noble family. That happened in Claddagh, in County Galway, and the ring is now called the Claddagh ring.»

Der Bus hielt an einer roten Ampel. Keine Kreuzung, auch kein Zebrastreifen waren zu sehen. Ein paar Meter weiter stand ein dicker Turm, Mauern um ihm herum, überall Stacheldraht.

Im Bus war es plötzlich ziemlich still geworden. Der Busfahrer öffnete die Tür, zwei bewaffnete Männer in olivgrünen Uniformen kamen herein. Der eine blieb an der Tür neben dem Fahrer stehen; das Maschinengewehr in seiner Hand war auf die Leute im Bus gerichtet. Der andere, der mit dem roten Käppi, ging durch den Bus und musterte scharf jeden Insassen. Einige fragte er: «Do you have any form of identification on you?»

Wieder spürte Karin ihr Herz klopfen, aber diesmal gefiel ihr der Anlass überhaupt nicht. Unwillkürlich versuchte sie, sich klein zu machen. «Wer sind die? Was wollen die?», flüsterte sie Paddy zu.

«They are British soldiers», he answered. Paddy looked a bit pale, but he didn't look frightened. «We are just at the border to Northern Ireland now, and they are looking for IRA-men», Paddy continued.

IRA? Ach ja, die militärische Untergrundorganisation. Irisch-Republikanische Armee hieß das zu Hause immer in den Nachrichten, erinnerte sich Karin.

«Meinst du denn, die finden welche hier im Bus?», fragte sie.

«Of course not», Paddy replied, «but the soldiers want to make us Irish feel their presence here.»

Die Soldaten hatten inzwischen ihre Kontrolle beendet. Karin fühlte, dass sie ziemlich durchgeschwitzt war. Ihr war schon ganz schlecht geworden, als sie Polizisten mit Maschinengewehren am Berliner Flughafen gesehen hatte, aber hier, im engen Bus, wirkten die Waffen viel bedrohlicher. «Das ist… das ist… ich finde das unmöglich», sagte Karin.

«Yeah», Paddy replied, «it's awful, and one day they'll have to go.»

«So was möchte ich nicht noch mal erleben», sagte Karin.

«Well, what do you think travelling through the *DDR* to Berlin is like? All those walls and uniforms and guns and so on.»

«Stimmt», gab Karin zu, «als mein Vater und ich zum ersten Mal nach Berlin gefahren sind, hat mich das auch ungeheuer aufgeregt. Schlimm, dass man sich an so was gewöhnen kann.»

The bus left the check-point and drove along. It passed by the same houses with the same kind of dogs in the gardens, the same green countryside, and it took quite some time before they spotted a red postbox, the only sign that something was different on this side of the border. Paddy told Karin about the things that had happened in Northern Ireland.

Karin hatte von alldem schon gehört – von der Unabhängigkeit Irlands, die für viele Iren nicht vollständig ist, weil ein Teil der Insel, eben dieses Nordirland, bei der englischen Krone blieb, von der Benachteiligung der katholisch-irischen Bevölkerung, von der Bürgerrechtsbewegung gegen diese Benachteiligung, von den blutigen Unruhen, die darauf folgten, von immer mehr Bomben und Toten, von Jungen und Mädchen in ihrem Alter, für die es seit ihrer Geburt nichts anderes gab als Krieg und verwundete oder tote Familienangehörige – sie hatte darüber gelesen, schreckliche Bilder im Fernsehen gesehen. Aber erst hier, als sie im Bus durch dieses so friedlich aussehende Land fuhr und Bäche und Wiesen vorbeiziehen sah, erst jetzt, als nichts passiert war außer einer kleinen Personenkontrolle, jetzt erst kapierte sie, wie idiotisch und schrecklich dies alles war. Paddy rarely talked about the situation in the North, but once he started, he couldn't stop. He was still talking when they crossed the border again into the Republic and the check was repeated by two armed soldiers. Karin wusste zwar diesmal, was passieren würde, aber trotzdem versank sie in ihrem Sitz, Schweiß brach ihr aus, und sie fühlte sich flau im Magen.

They had to change buses in Donegal town to go on to Portnoo. This time Karin and Paddy got a seat together at the front. The bus driver seemed to know all the people in the bus and greeted them by name. «How's the back today, Mrs. Brady?», he said, and «Did you enjoy the dance last Sunday, Eileen?» The young girls blushed when he spoke to them.

«Up here on holidays are you?», he asked Karin and Paddy when they got into the bus.

«My granny, Mrs. Kavanagh, lives in Portnoo. We're going to visit her», Paddy told him.

«Are you the grandson Paddy, who was in Germany for a while?», the bus driver wanted to know.

«That's right, and this is my German eh... eh... friend, Karin», Paddy introduced her. He never knew what to say in a situation like that. Girlfriend? Sister? Cousin?

«I see», grinned the driver, «I hope you'll like it here, Karin», he said before they moved on to their seats.

«Um Gottes willen, wissen denn alle im Bus hier Bescheid über uns?», fragte Karin und drehte sich um. Sie sah nur freundlich lächelnde Gesichter.

«Well, everyone knows everyone here», Paddy answered. He wanted to put his arm around her but he didn't really think this was the right place. He held her hand instead, and could feel her new ring against his fingers.

An der nächsten Haltestelle schob jemand eine Kiste mit Küken in den Bus. Niedlich sahen die aus. Der Busfahrer, so schien es Karin, war eine Art Mädchen für alles. Er transportierte Päckchen und

Küken, stellte irgendwelche Fahrtausweise aus und hielt, wo immer die Passagiere es wollten. Karin sah die meiste Zeit aus dem Fenster. Schön war es draußen. Im Licht der tief stehenden Sonne erlebte sie Torf und Heide, kleinere Fischerdörfer, Hügel und Bäche, Schafe, Kühe und massenweise schwarzweiß gefleckte Hunde, die dem Bus nachjagten, wenn er an ihren Häusern vorbeifuhr.

The bus emptied bit by bit, and finally they arrived in Portnoo. It was nearly ninc o'clock when they got out of the bus. Vor sich sahen sie einen langen Sandstrand, nach links stieg die Straße entlang der Küste ziemlich steil an. «Oh, guck mal da!», rief Karin und deutete auf ein blaues Haus, das am höchsten Punkt der Straße direkt über dem Meer stand. «Das sieht toll aus, richtig wie ein verwunschenes Haus.»

«You'll soon know it well», said Paddy, «tomorrow morning you'll eat your corn flakes in the room where the bay window is overlooking the sea and the island over there. And if you don't stuff yourself too much, we can swim over to the island afterwards.»

«Da drin wohnt deine Oma, das ist ja wahnsinnig», staunte Karin. In diesem Moment jagte mit lautem Gebell ein Collie auf sie zu, sprang an Paddy hoch und leckte ihm das Gesicht ab.

«Hey, Rex, there's a good dog», Paddy said and patted him. «Karin, that's Rex and there comes Granny...» He ran towards a white-haired lady who was coming down the street with the help of a walking-stick.

Karin streichelte Rex, der inzwischen an ihr hochsprang, sah dem weglaufenden Paddy nach und wusste nicht so richtig, was sie jetzt tun sollte.

# Sind das echte Knochen?

«Granny, this is Karin», Paddy said.

«Herzlich willkommen in Portnoo, Karin», sagte Mrs. Kavanagh und reichte Karin die Hand.

«You speak... äh – Sie können Deutsch?», fragte Karin verblüfft.

«Ein bisschen, ich... eh...» Sie suchte nach Worten. «I had a very good German friend once», she finally said in English.

«Oh, Granny», Paddy intervened, «you can tell Karin the story about your German lover later. Now we should...»

«A German lover?», fiel Karin Paddy ins Wort und bekam ganz große Augen.

«Yes», said Paddy impatiently, «I'm sure Granny will tell you the story sooner or later, but we should go up to the house first.»

«It looks great», sagte Karin, «a bit... na, so ein bisschen gespenstisch.»

Als sie am Haus ankamen, war es fast dunkel geworden. Laut hörte man die Wellen rauschen. They went into the sitting room. «You can leave your things her for the moment. I'll show you where you're going to sleep later», the granny said.

«Oh, guck mal», rief Karin und lief zum Kamin. Davor, auf einem großen weißen, kuschligen Schaffell, lag eine kleine graue Katze. Sie war wirklich ganz grau, ohne einen einzigen weißen oder schwarzen Fleck. «That's Minka», the granny said, «she was a stray cat. I found her when she was very young.»

«Minka?», fragte Karin. «Das hört sich aber sehr deutsch an.»

«Yes it is a German name», the granny replied.

«I'm very hungry», Paddy said quickly, because he was afraid that his granny would go on to talk about that German fellow Werner. He had heard bits of that story often enough.

«I'm sure both of you are hungry», the Granny said, «come into the kitchen with me and tell me how your various parents are.»

Karin nahm die Katze mit in die Küche. Sie setzte sich neben den Herd, der Hund legte sich vor sie. Und nach einigen Minuten fand

Karin es das Natürlichste auf der Welt, dass sie hier so einfach in der Küche saß, mit einer Hand das seidige Fell der Katze streichelte und mit der anderen den Hund am Hals kraulte, während die Oma in einer großen Pfanne Eier und Schinken briet, ihr einen großen Becher Tee hinstellte und zuhörte, wie Paddy das Neueste von zu Hause erzählte.

After they had eaten and Karin and Paddy started feeling a bit tired, Mr. Osborne, a neighbour, came over. They sat in front of the open fire, and in no time at all Mr. Osborne started to tell stories, spooky stories about ghosts and fairies and banshees.

Das Wehgeschrei der Banshee kündigt den Tod eines Mitglieds der Familie an, lernte Karin. Mr. Osborne konnte es so gut beschreiben, dass es Karin unwillkürlich kalt den Rücken hinunterlief. Dabei glaubte sie natürlich nicht an Geister.

«That's right, John», said Granny Kavanagh to Mr. Osborne, «that's what she sounds like. Didn't I hear her myself in this very house when Tom – your grandfather, Paddy – God rest his soul, was lying upstairs fighting for his life. The next day he was gone.»

Karin rückte etwas näher an Paddy heran und drückte seine Hand. Hoffentlich muss ich nicht in dem Zimmer schlafen, in dem der alte Tom gestorben ist, dachte sie.

«Well», sagte Mr. Osborne, während er neue Torfscheite auf die Glut legte, «I'm driving down to Mullaghmore tomorrow at lunchtime. Why don't you two come along and I'll show you around a bit?»

«Oh, yes, thank you», antwortete Karin. Sie ärgerte sich, dass sie nur diese paar Worte sagen konnte, denn eigentlich wollte sie sagen, dass sie den Vorschlag ganz, ganz toll fand und sich sehr darauf freute.

Bald gingen sie schlafen. Karin war viel zu müde, um an den Schrei der Banshee zu denken. Sie merkte nur noch, dass sie kein Federbett hatte. Stattdessen musste sie sich unter ein weißes Laken zwängen, das an drei Seiten an der Matratze festgewachsen zu sein schien. «Eigenartige Konstruktion», murmelte sie und schlief ein.

Mr. Osborne went down to Mullaghmore once a week. This time he didn't take the quickest road, but drove along the coast.

Karin auf dem Beifahrersitz kam aus dem Staunen nicht mehr heraus. Hinter jeder Kurve – und auf den engen Straßen gab es viele Kurven – tat sich ein kleines Paradies auf: im Sonnenschein glitzernde Wellen, Klippen, Buchten, Strände. «Beautiful», schwärmte Karin immer wieder, «beautiful.» Diesmal störte es sie nicht, dass sie nur ein Wort sagte. Was sie sah, ließ sich sowieso nicht beschreiben.

Paddy leaned forward and touched her shoulder. «It's great to be here with you», he said gently.

It took quite some time before they reached Mullaghmore.

Mullaghmore ist ein kleiner Ort auf einer Halbinsel, die in den Atlantik ragt. «If you could walk straight on over the water, your next stop would be America», Mr. Osborne said.

While he was doing his business there, Karin and Paddy went for a walk along the coast. They climbed up a hill and looked around. In the distance they saw a castle, high up above the sea, standing alone in the sunshine.

Unten trieb ein kleiner, keifender, schwarzweißer Hund ein Kuhherde mit großem Tempo die Straße entlang. «Was passiert eigentlich, wenn die Kühe nicht dahin gehen, wohin der Hund will, wenn er bellt?», fragte Karin.

«I don't know, maybe the dog bites the cow's leg or something like that», muttered Paddy.

«Quatsch», entfuhr es Karin, «die Kühe könnten den Hund einfach treten, die sind schließlich viel stärker als er!»

«For God's sake, Karin», Paddy sighed, «they are not aggressive German cows. It probably works on the principle of *Abschreckung*.» He still didn't know the English word for *Abschreckung*. He had heard it very often in Berlin when they had talked about nuclear weapons and disarmament in class there. It was a funny word, he thought, because you could ‹abschrecken› boiled eggs for breakfast as well. Karin war mit dieser Erklärung überhaupt nicht einverstanden, aber sie wollte jetzt keinen Streit.

Sie liefen ins Dorf hinunter, wo Mr. Osborne schon auf sie wartete. Es war inzwischen kühl geworden. «Maybe we should stop in a pub

and get something warm for you to drink», he said pointing at the goose-pimples on Karin's naked arm. «In Germany you drink Glühwein when you are cold», sagte sie. Mr. Osborne stared at her. «Glue wine?», he asked, disgusted, «very odd, these Germans!» Paddy laughed. «*Glüh*, not *glue*, Mr. Osborne. Your teeth don't stick together when you drink it. It means ‹warmed-up› wine.»

Unterwegs hielten sie an einer Kneipe. Man hatte dort ein kleines Feuer im Kamin angemacht. Ein paar Leute mit Musikinstrumenten saßen darum herum. Ein Mädchen mit langem rotem Haar spielte gerade Querflöte. Gebannt sah Karin zu. So was müsste ich spielen können, dachte sie, das klingt einfach toll.

They played a few instrumental numbers and then a song which was well-known, called ‹Whiskey in the Jar›. Nearly everyone in the pub joined in:

> As I was going over the far famed Kerry mountain
> I met with Captain Farrell and his money he was countin',
> I first produced my pistol and I then produced my rapier
> Sayin' «Stand and deliver for you are a bold deceiver»
> …

Suddenly Paddy noticed that the fellow with the banjo had a bodhrán leaning against his chair. Slowly he walked over.

«Can I have a go at your bodhrán?», he asked.

«Help yourself», said the banjoman, who kept on playing.

Quietly at first, but then with more confidence, Paddy joined in.

Karin fand das wahnsinnig toll. Da saß ihr Paddy und spielte einfach so mit diesen Leuten. Sie hätte ihn umarmen können, aber das ging ja nun nicht. Sie summte die Melodie mit. Schade, dass sie die Texte nicht kannte. Und schade, dass sie nicht auch so Flöte spielen konnte. «This is wonderful», flüsterte sie Mr. Osborne zu, «I must write about it to all my friends in Berlin.»

«Well, maybe not to all of them», antwortete der zu Karins Überraschung, «or soon we'll have bus-loads of tourists taking over the pub.»

Paddy felt just great. Since his band in Wicklow had broken up, he hadn't played much. He really enjoyed getting the feel of it again. While he played in rhythm he thought back to the ‹Schulfest›. «Ladies and gentlemen, der unvergleichliche Paddy O'Connor aus Wicklow in Irland, mit, ja, mit was, nicht mit 'nem Schlagzeug, nicht mit 'ner Trommel, sondern mit dem Ding da, dem Bodhrán. Leute – The Bodhrán Beats!» He still remembered every word of Mark's announcement. It was certainly different here. But he enjoyed this as much as the rock music in Berlin.

In the car on the way back, Paddy said it was a pity there had been no bones there. Karin could have tried to beat a rhythm with them.

«Knochen?», fragte sie.

«Yes», Paddy replied, «they are used here as a rhythm instrument.»

«Sind das echte Knochen, ich meine, wo haben die die her?», wollte Karin wissen.

Paddy paused for a second. «Well», he said, «whenever a grandmother dies here, two bones are taken from her ribs. You take rib bones because there is no marrow in them.» Karin looked disgusted. «It's a family instrument then», Paddy went on. «So was nennen wir Leichenschändung», sagte Karin sichtlich schockiert. Paddy found it hard to remain serious. He sighed and said: «You see, love, it's just one of the many cultural differences.»

Sie sangen ein paar von den Liedern aus der Kneipe. Von ‹Whiskey in the Jar› hatte Karin schon den Refrain aufgeschnappt: ‹With your ring-a-madoo-ra-ma-da, whack-fol-de-laddy-o, whack- fol-de-laddy-o, there's whiskey in the jar.› Ich könnte Flöte lernen, dachte sie, und dann können Paddy und ich zusammen Musik machen. Vielleicht können wir dann in Berlin im ‹Go-in› spielen oder auf dem Ku'damm.

Granny Kavanagh was relieved when they arrived home. It was quite late. They had stayed much longer in the pub than they had planned.

«But you're not cross with us Granny, are you?», asked Paddy.

«Cross?» Karin wusste nicht, was das heißt. *Kreuz* passte nicht.

«*Cross* means *angry* or *gereizt* or something like that», explained Paddy, «but my granny is never like that.» He gave her a hug.

Kaum zu glauben, dass ich erst einen Tag hier bin, dachte Karin, als sie im Bett lag. Wicklow und erst recht Berlin schienen schon so weit zurückzuliegen. Selbst diese komische Bettkonstruktion stört mich schon nicht mehr, dachte sie noch, und dann war sie schon eingeschlafen.

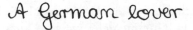

## A German lover

The next two days brought nothing but rain. Das war gut für Rex und Minka, die massenweise ungewohnte Streicheleinheiten abbekamen, aber schlecht für Karin und Paddy, die rauswollten.

On the third day it cleared up a bit, and off they went for a walk along the beach.

«Ej», schrie Karin gegen den Wind, «guck mal den Typ da mit Staubsauger und Walkman. Was macht der denn da?!» Sie waren jetzt eine halbe Stunde am Strand entlanggelaufen.

Paddy laughed. «That's a beach-comber», he said.

«A was?», fragte Karin.

«A beach-comber – someone who is looking for old coins and jewelry.»

«Mit 'nem Staubsauger?»

«It's not a Staubsauger», Paddy said, «it's a metal detector!»

«Und der Walkman? Hört er da irre Musik bei?»

«Oh no, Karin, don't be so stupid!» He explained: «That's not a walkman, he needs those ear-phones to hear the signals when some metal is detected in the sand.»

He wore a dark coloured knee-length coat, black gumboots and one of those caps made of tweed which had been in the rain and dried on the wearer so often that it had the exactly same shape as his head. An diesem Tag schien der Mann ziemlich erfolglos gewesen zu sein, sein Beutel war jedenfalls noch leer.

Afer a while they reached a small, fast-flowing stream which cut one part of the beach off from the rest. Paddy waded through to the other side. Karin sammelte noch Muscheln; sie hatte zwar schon alle Taschen voll, fand aber immer ‹noch schönere›, die unbedingt auch mitmussten. Paddy said she wouldn't be doing that any more after she had been there for a while, and laughed at her. But he was really pleased that she liked it so much in Portnoo.

«Well, will you make it?», he roared from the other side of the stream.

«Na klar schaff ich das, was denkst du denn!» Karin hätte es auch geschafft, wenn die Gummistiefel nicht so kurz gewesen wären. Mitten im Flüsschen schwappte plötzlich eine Welle an ihr hoch, und schon waren ihre Stiefel voller Wasser. «Ii», schrie sie und blieb stehen.

«What is it?»

«Wasser in meinen Stiefeln.»

«Oh God.»

Uuaah. Ihre Füße waren eiskalt. Vorsichtig watete sie ans Ufer. Das Wasser in den Stiefeln quatschte bei jedem Schritt. She looked miserable. Paddy hugged her and said: «Don't worry, Paddy's super service is here.» He put on a funny face: «If you would please come this way, Madam, and take a seat here.»

Er führte sie zu einer Mulde in den Dünen. «A ‹foot special› was what you wanted? Well, first we have to take Madam's footwear off.»

Er zog Karin die Stiefel aus und hielt einen in die Höhe. «Nice model, what do they look like underneath?», fuhr er fort und drehte den Gummistiefel um. Wasser lief heraus.

Trotz kalter Füße und klappernder Zähne musste Karin lachen.

«Now Madam's stockings. Allow me.» Er zog Karin vorsichtig die Strümpfe aus und legte sie auf das Gras. Ihre nassen Hosenbeine krempelte er hoch. «And now for the real treatment…» Mit seinem großen Taschentuch trocknete er Karin die Füße ab. Liebevoll zog er das Taschentuch zwischen ihren Zehen hin und her, bis er sie ganz trocken gekriegt hatte. Karin wurde ganz warm. Danach verpasste er den Füßen noch eine Massage. He excused himself that Madam's footwear wouldn't be completely dry, but he could offer alternative stockings. Blitzschnell zog er seine Stiefel und Strümpfe aus. Karins Füße waren schon in Paddys warmen Socken, bevor sie protestieren konnte. Das tat gut. Langsam gingen sie weiter. Komisch, dachte Karin, ein Pärchen, eng umschlungen, Meeresrauschen, Dünen, ein langer, menschenleerer Strand, irgendwie klingt das wie ein kitschiger Liebesfilm. Aber toll ist es trotzdem. Sie blieb stehen und gab Paddy einen langen Kuss.

Karins Socken hingen am Abend neben dem Feuer. Mr. Osborne war wieder herübergekommen; aber diesmal erzählte er nichts über die Todeswarnungen der Banshee, sondern saugte nur an seiner Pfeife und hörte zu, wie Granny Kavanagh endlich die Geschichte von ihrem Werner erzählte.

«When I was a young girl, things were very bad in this country. There was no work for anybody and because there were so many children for my parents to feed, I had to go across the water to earn my living.»

«Meinst du nach Amerika?», fragte Karin, die sich inzwischen mit ihr duzte, wenn sie deutsch sprachen.

«No, England. I had an aunt there who found a job for me looking after children in a well-to-do family. I was a *Kindermädchen*, as you say in German», sagte sie. «Well, nearby was a park where I used to take the children for a walk. Every day I saw the same young man sitting on a bench reading a book. At first we just smiled at each other and after a while we said hello. Then one day he came over to me and said: ‹Grüß Gott, schönes Fräulein!› I didn't know what it meant, so he translated it for me. I'll never forget that ‹Grüß Gott, schönes Fräulein›.»

Sie starrte ins Feuer und schien für einen Moment wieder mit dem hübschen jungen Mann – Karin beschloss einfach, dass er hübsch gewesen sein musste – im Park zu sein.

«I didn't know that the Germans said God in their greeting, too, and I told him that ‹Hello› in Irish, *Dia duit*, means ‹God be with you›. Then there was no stopping us. His name was Werner Tietz and he came from Munich. He was a refugee – *Flüchtling* he used to say – in England. It was at the time of the Second World War. Werner didn't think much of that Hitler fellow, I'll tell you. Sometimes he did a bit of work for the BBC, but most of the time he was free. We met nearly every day and spent my free half-day together. He taught me lots of things in German – that's why I can understand your language well, Karin – especially the names of trees and plants. I knew more of them in German than in English! He was a real nature lover, Werner was.»

Die Granny legte Torf nach und sagte eine Weile nichts. Mr. Osborne sah gedankenverloren den Rauchkringeln aus seiner Pfeife nach. Was war wohl aus diesem Werner geworden? Karin ließ ihrer Phantasie freien Lauf. Irgendein frühes tragisches Ende musste er genommen haben, sonst hätte die Granny bestimmt nicht ihren Tom geheiratet. Ein Flugzeugabsturz vielleicht? Eine Bombe? Eine unheilbare Krankheit?

«After the war he was able to go back to Germany. His family owned a small factory there, and he had to help them to get going again», Granny Kavanagh went on. «I was supposed to follow him over about a half a year later. We were thinking about getting engaged then.»

Paddy hadn't known before how serious it had been between his granny and Werner. He had heard bits of the story here and there, but never the whole thing.

«I went to night-classes twice a week to learn more German, and I learnt very well because I knew that I would need it over there.»

Aha, dachte Karin, die schon ein bisschen neidisch geworden war, dass die Granny allein mit den Gesprächen im Park so gut Deutsch gelernt hatte, also Deutschunterricht hatte sie auch.

«But life», continued the Granny, «doesn't turn out the way you plan it. Werner's letters became more and more distant, and I knew he had found another girl. He was married within a year. Then I met

Tom, Paddy's grandfather, and we came back to Ireland together and settled down here.»

Sie stocherte mit dem Feuerhaken in der Glut und sagte nach einer Weile: «I must say I'm happy that my daughter Maureen has had better luck with her German than I had. And I see that my grandson is… eh… interested in Germans, too. It must run in the family.» Sie lächelte Karin an. «Einen schönen Ring hast du da, Karin», sagte sie leise.

## On the road

The time just flew by and their Donegal holiday was over too quickly. Karin and Paddy were looking forward to going back to the new house in Dublin, but they were very sorry to leave Portnoo as well.

While they were having their last breakfast together, Granny Kavanagh said: «We're not related to each other in any way, Karin, and even if things between Maureen and Robert don't last forever, I'd like you to be my adoptive granddaughter. What about it?»

Karin strahlte. Sie hatte keine deutsche Oma mehr, und diese Frau mochte sie besonders gern. «All right, Granny», sagte sie und umarmte ihre ‹neue› Oma.

«That means you are very welcome to visit me any time here in Portnoo – even if you don't come with Paddy.»

Paddy thought that was a bit odd. Why would Karin want to go to Portnoo without him?

«And I'll see you sooner or later in Dublin anyway», the granny continued, «I have to see my daughter's new fellow sometime, don't I?»

As Mr. Osborne had some business to do near Donegal town, he dropped the two of them off there before driving on. They were going to take the bus back to Dublin. In the window of the ticket-office they saw a notice:

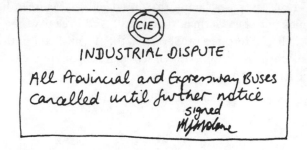

«Was bedeutet denn das?», fragte Karin verblüfft.
«It's a bloody strike. The buses are on strike», Paddy cursed, «typical CIE.»
«Was hat denn der amerikanische Geheimdienst mit irischen Bussen zu tun?», fragte Karin ungläubig.
It took a few seconds for Paddy to understand. «Not CIA – CIE», he then explained, «Córas Iompair Éireann. That's the name of the Irish public transport system. They run the buses and the trains, if they are not on strike, that is.»
«Und was machen wir nun?» Karin konnte sich nicht vorstellen, dass die Busse einfach überhaupt nicht fuhren.
«Well, either we try to find Mr. Osborne, wait for him to finish his business, and go back to Portnoo, or else...»
«Trampen!», platzte es aus Karin heraus. «Wir können nach Dublin zurücktrampen. Wollten wir doch sowieso von Anfang an machen!»
They were picked up quickly on the road leaving Donegal. It was a German couple from Mannheim on holidays in Ireland. Die beiden waren ziemlich überrascht, als sie hörten, dass Karin und Paddy ein deutsch-irisches Paar waren. Leider fuhren sie aber nur bis Ballyshannon. There they invited Karin and Paddy to lunch.
After lunch they had to wait for ages until they got another lift.

Paddy noticed a bus stop nearby. «Do you know the best way to kill yourself in Ireland?», he asked Karin.

«Nein.»

«Just lie down in front of a bus stop. You'll either die of boredom or else you'll starve to death.»

«Ha, ha», sagte Karin lustlos. Sie standen jetzt schon eineinhalb Stunden da. Paddy saw how Karin's mood was getting worse and worse. Then it started to rain.

«That's just what we need now, first the buses strike and now the rain strikes», Paddy tried a pun to cheer her up. No success. Sie standen am Straßenrand und wurden immer nasser.

Endlich hielt ein älterer Herr an, der nach Enniskillen fuhr. Die beiden sahen wohl so miserabel aus, dass er beschloss, sie zu sich nach Hause mitzunehmen. He lived on a farm just outside the town. His wife made lots of hot tea for her young guests, and fed them with home-made scones and jam.

Diese *Scones*, eine Kreuzung aus Kuchen und Brötchen, waren genau das Richtige für Karin. «They taste fantastic», lobte sie, was dazu führte, dass die Frau immer mehr davon auf den Tisch brachte. Mit jedem Bissen wurde Karins Ärger weniger. Aber später wurde es auch.

When they finally left, it was still pouring rain. Sie standen neben einem Verkehrszeichen mit der Aufschrift ROAD WORKS AHEAD.

«Das ist wahrscheinlich the only thing that works in diesem blöden Land», Paddy heard Karin mutter, «keine Busse, keine Züge, niemand nimmt uns mit. Das nenne ich echte irische Freundlichkeit.» Her good humour was gone again. Paddy wanted to say ‹Well, it could be worse. We just had some lovely tea and scones, and there aren't that many cars on the road which could give us a lift›, but when he saw Karin's angry face after another car passed them by, he decided to say nothing.

Ein Wagen hielt dann doch und nahm sie bis nach Cavan mit. Damit hatten sie erst die Hälfte der Strecke geschafft; im Dunkeln und bei dem Regen sah es für den Rest nicht besonders gut aus.

They didn't know what to do. There they were, in the middle of the country, and they couldn't even telephone Robert and Maureen because the new house had no phone. It took some time before people got a phone in Ireland. There was a long waiting list. «So was Beknacktes», schimpfte Karin, «hier stehen wir im strömenden Regen, können nicht weiter und können nicht mal unsere Eltern anrufen. So was Hoffnungsloses!»

Paddy didn't feel like arguing with her.

They could have spent the night in a park or somewhere if it hadn't been raining, but in the rain... Paddy had no uncles or aunts or friends of the family living in Cavan. But wait now, he thought, Desmond had cousins who came from Cavan. One of them visited him in Wicklow. What was he called? Brian something... Brian McNamara. Yes, that was it!

They decided to look in the phone book to see if they could find his family in there. Wäre Karin besserer Laune gewesen, hätte sie bestimmt darüber gelacht, dass es für ganz Irland nur zwei Telefonbücher gab – eins für Dublin und das andere für ‹den Rest›. In dem gab es massenweise McNamaras. Während Paddy die raussuchte, die in Cavan wohnten, ging Karin in einen der kleinen Läden, die anscheinend immer geöffnet waren. Ihr war nach einem großen Stück Schokolade.

«Excuse me, but aren't you Karin, the girl from Berlin?», hörte sie plötzlich jemanden hinter ihr sagen. Sie drehte sich um. Da stand Mrs. Moloney, die Frau aus dem Bus mit den Keksen und den vielen Tüten. Natürlich, die war ja auf der Hinfahrt in Cavan ausgestiegen.

«Hello, Mrs. Moloney. What a surprise!», sagte Karin.

«I thought you were going to Donegal», wunderte sich Mrs. Moloney.

«We were in Donegal, and we wanted to go back to Dublin today», erklärte Karin, «but there is a bus strike on, so we had to hitch.»

«You won't make it to Dublin tonight, you know.» Sie sah aus, als ob sie sich Sorgen um Karin machte. «Where are you going to stay?»

Karin erzählte von Paddys entfernten Bekannten.

«And what happens if he doesn't find them?»

Karin zuckte mit den Achseln.

«I think you should both come home with me. When you have six children, you can easily fit in two more for a night. You will catch your death of cold with those wet clothes on.» Mrs. Moloney kaufte schnell Zigaretten, und dann holten sie Paddy ab. Der kämpfte immer noch mit den McNamaras.

Eine Stunde später waren beide im warmen Bett – Karin mit den Mädchen im Zimmer, Paddy bei den Jungen.

Beim Frühstück fühlte sich Karin wie in einem Taubenschlag. Dauernd kam oder ging jemand. Auch Oliver, der siebenjährige Sohn, tauchte mit seiner neuen Latzhose auf. «They are nice dungarees», sagte Karin, froh darüber, dass sie das englische Wort behalten hatte, «are they the special ones which always have a sweet in the front pocket?» Das Kind war völlig verblüfft und wusste nicht, woher Karin das wusste.

Paddy didn't know what she was talking about, just Karin and Mrs. Moloney started to laugh.

There was no problem getting to Dublin that day. One car brought them the whole way there. From the centre of the city they took the train to Booterstown, a suburb of Dublin. That was where their new house was. At the gate they were greeted with a loud bark.

«Nipper!», shouted Paddy, «Nipper!» The dog jumped up on Paddy to show how excited he was, and then he jumped up on Karin. His wild barking brought Maureen to the door of the house. «Welcome to your new home, or should I say ‹building site›, Karin and Paddy», she said and hugged them both. Drinnen sah es noch ziemlich wüst aus. «But we have made great progress», Maureen said, «it won't take that long any more.»

That evening the four of them went out for a nice meal together. They talked about their new home and thought of a name for it. In Ireland lots of houses have names.

«What about ‹Berlin›?», suggested Paddy.

«Find ich echt blöd als Name für 'n Haus», antwortete Karin.

«Und was haltet ihr von ‹Marokapa›?», sagte Robert.

«What does that mean?», Maureen wanted to know.

«*Ma*ureen, *Ro*bert, *Ka*rin und *Pa*ddy. Es geht in jeder beliebigen Reihenfolge: ‹Parokama›, ‹Kamaparo›, ‹Makaropa›, ‹Romapaka› und so weiter.»

«Wie wär's mit ‹Kap Aroma›?», schlug Karin vor.

«Kap Aroma?», Maureen asked.

«Ja, Ka-Pa-Ro-Ma, das Haus für uns vier.»

Karin und Paddy merkten nicht, dass Robert und Maureen sich bedeutungsvoll ansahen, als Karin ‹uns vier› sagte.

## Family news

«Ich glaube, ich hätte Lust, Querflöte zu lernen», sagte Karin ein paar Tage nach ihrer Rückkehr; die Musik aus der Kneipe war ihr immer noch im Ohr. «Wo kann man denn das hier lernen?»

«What do you want to learn?», asked Paddy.

«Na, Querflöte, ‹cross-flute›», übersetzte Karin. Sie hatte das Wort zwar nicht in ihrem Wörterbuch gefunden, aber Querbalken war dort mit *‹cross-beam›* übersetzt, und *flute* kannte sie schon.

«‹Cross-flute›? That sounds just great», laughed Paddy, «what is it?»

«Na, da in Donegal – die Frau mit den langen roten Haaren hatte eine Querflöte. Heißt die nicht ‹cross-flute›?»

Paddy knew at once what she meant. «Oh, that's just an ordinary flute», he said, «of course it might get very cross when you try to play it…»

«Ha, ha, ich sterb gleich vor Lachen», antwortete Karin, «und wenn das *just an ordinary flute* ist, wie heißt dann bitte schön die kleine Flöte, die der Mann mit dem Bart gespielt hat?»

«Tin whistle», Paddy was quick to answer.

«Und Blockflöte?»
«Recorder.»
Karin war verblüfft. «Recorder? So was Blödes. Das hat doch gar nichts mit 'nem Kassettenrecorder zu tun!»

Die Musikschule lag im Zentrum Dublins. Karin hatte ihre Flöten-stunden auf samstags um elf gelegt. Da musste sie nicht so früh auf-stehen, und trotzdem hatte sie dann noch den ganzen Nachmittag Zeit, um in der Stadt herumzubummeln. Ihr *Saturday mooch*, wie Paddy das nannte. Mit dem war am Samstagnachmittag sowieso nie was anzufangen. Entweder spielte er Fußball, oder er hing von eins bis fünf vor der Glotze und sah Sport. Vier Stunden Sportschau gab es jeden Samstag und fast nur so einen Quatsch wie Pferderennen, Golf, Ringen oder Rugby, der Karin sowieso nicht interessierte. Da war es ganz gut, dass in Dublin jeder Samstag ein ‹langer› Samstag war.
Mit Ms. O'Callaghan hatte Karin eine sehr freundliche Flötenleh-rerin erwischt. Am Anfang hatte sie Karin nervös gemacht, als sie sagte: «The Germans! Such a musical race! Such wonderful compos-ers…! Bach! Beethoven! Wagner! Mozart! I must say, I'm very plea-sed to have a German pupil.»
Was erwartet die nur von mir, hatte Karin gedacht; na ja, da wird sie eben ihr Deutschlandbild ändern müssen. Aber da Karin schon Blockflöte spielen konnte und auch in der Schule ein paar Jahre Musik gehabt hatte, war Ms. O'Callaghan erst mal ganz zufrieden mit ihr.
Als Karin eines Samstags die Musikschule verließ, wäre sie in der Tür fast mit einem Cello zusammengestoßen. Hinter dem Cello steckte ein ziemlich schmaler Junge, kleiner als Paddy, aber wohl genauso alt. Er hatte dunkelblondes Haar und braune Augen. Karin fand ihn auf den ersten Blick sympathisch.
«Excuse me», sagte er und wurde rot, als sie ihm die Tür aufhielt.
«An awkward instrument, the cello», murmelte er, während er das Cello an ihr vorbeischleppte, «thanks.» Er nahm es wieder auf den Rücken, rückte seine Krawatte zurecht und ging in Richtung Un-

terrichtsraum. Er sieht aus wie ein Gentleman, dachte Karin und sah ihm nach.

Brunch. So nannte Maureen die Kreuzung aus Frühstück und Mittagessen, die sie sonntags am späten Vormittag aßen. Spiegeleier, Schinken, Tomate und Würstchen, die Karin wie reines Sägemehl schmeckten – alles in einer Pfanne gebraten. Danach Toast und bittere Marmelade. Robert und Maureen kippten vorher immer einen Wodka, wobei sie Karin und Paddy erzählten, dass man das lieber nicht machen sollte. Alles war eigentlich wie immer an diesem Sonntagmorgen, aber nicht ganz. Maureen wirkte irgendwie anders, und auch Robert machte einen etwas verwirrten Eindruck.

When they were all sitting at the table, Robert began: «Tja, Leute, ich glaube, Maureen und ich werden unsere Familienverhältnisse jetzt noch etwas mehr verwirren. Es ist nämlich so, dass...» Er schaute Maureen Hilfe suchend an.

«Well it's quite simple really», Maureen said, «the two of you will have a baby brother or sister in a few months, if all goes well.» Es dauerte eine Sekunde, bis Karin und Paddy begriffen, was Maureen da gesagt hatte. Dann starrten sie sich ungläubig an.

«What?», Paddy screamed, «you're pregnant, Mum?!»

«Yes, darling, I am.»

«Jaysus! I don't believe it.» Paddy was all excited.

Karin hatte noch gar nichts gesagt, sie hatte das alles noch nicht verdaut. Paddy walked up and down the room. He couldn't sit still. «What does that mean? I mean, will Karin and I be more like brother and sister when we have a common brother or sister? I don't understand all this!»

«Tja», mischte sich Robert ein, «das ist alles jetzt etwas schwierig geworden. Also, ihr habt auf jeden Fall mal jeder einen Halbbruder.»

«Oder 'ne Halbschwester», warf Karin ein, «und», fuhr sie dann langsam fort, «was bedeutet denn das für uns – also, Paddy und ich haben jetzt ein Stück Geschwister gemeinsam. Aber bedeutet das, dass wir jetzt, äh», sie stockte, «bedeutet das, äh, ich meine, nehmen wir mal an, wir wollten irgendwann in der Zukunft mal heiraten, nur so rein theoretisch natürlich, also wenn Paddy und ich irgendwann mal heiraten würden, ginge das dann noch, wenn wir beide einen gemeinsamen Bruder oder eine Schwester hätten?» Jetzt war es raus. Karin hatte einen ganz roten Kopf dabei gekriegt.

Paddy looked at her in amazement. My God, he thought, would that mean that they couldn't, well, couldn't go out with each other any more? It's all too complicated, he said to himself.

«Ich meine nicht, dass Paddy und ich heiraten wollen, äh, hm, also wirklich nicht», Karin hatte sich erholt, «aber ich meine nur mal so rein theoretisch, was bedeutet denn das?»

Robert Förster zuckte mit den Achseln. «Weiß ich auch nicht», sagte er, «da müssten wir wohl ein Rechtsgutachten einholen. Aber es geht noch weiter. Also, Maureen und ich wollen auch noch heiraten. Wir finden, hier in Irland ist es für kleine Kinder wirklich besser, dass sie mit verheirateten Eltern aufwachsen. Und zusammenbleiben wollen wir ja sowieso.» Robert und Maureen were still sitting at the table. Now they were holding hands.

«You mean you'll be getting married all in white in a church?», Paddy wanted to know.

«No! Absolutely not», said Maureen clearly, «either we'll go over to Berlin and get married in a *Standesamt* there, or else we'll get married in the Registry Office here. We haven't decided yet. Anyway, Robert was already married in a church, so he can't do that again as a divorcee.» Einen Moment lang sahen sie sich alle nur an.

«Tja, Paddy», sagte Robert dann, «ich glaube, ich muss dich jetzt wohl um die Hand deiner Mutter bitten, oder?»

Karin war furchtbar durcheinander. Das war alles ein bisschen viel für sie.

«Und heißt ihr dann Förster?», wollte sie wissen.

«No», Maureen answered, «that's another one of those things which is different from Germany. An Irish woman doesn't have to change her name when she gets married. After Robert and I are married, all our names will still be the same: Paddy and myself will still be called O'Connor, yourself and Robert will still be called Förster.»

Paddy was very pleased. «That's the first time I've ever heard of that, Mum. And how do people know that you're married?»

«Well, if they want to know, they can ask», answered Maureen, «and you probably never heard of it because not many women do it.»

«Das find ich gut», sagte Karin, «falls ich je einmal heiraten sollte, dann möchte ich auch meinen Namen behalten!»

Robert öffnete gerade eine Flasche Sekt und drückte jedem ein Glas in die Hand.

«Well», Paddy said, «I'm drinking to my sister-girlfriend, to the baby and to our new ‹legal› parents. Prost!» Robert and Maureen smiled at each other and at Karin and Paddy.

«What about brunch?», said Maureen, «I must say I'm hungry after all that talk.» She switched on the radio for some background music. Karin hörte die Moderatorin: «...and now you will hear the Trio No. 1 for violin, cello and piano in D minor, Opus 49, by Felix Mendelssohn...» Das Cello erklang. Karin wurde plötzlich ganz warm, ihre Ohren glühten. Ob das am ungewohnten Alkohol lag?

## Regen bringt Segen

The school which Paddy and Karin now went to in Dublin was quite different from Paddy's old one in Wicklow. It was for both boys and girls.

Komisch, dass das für die hier was ziemlich Neues ist, dachte Karin. Die Schule war in zehn Minuten mit dem Fahrrad zu erreichen. Widerwillig hatte sich Karin ein Art Schuluniform gekauft. Zur Schule trug sie jetzt immer einen grünen Rock, eine weiße Bluse und einen grünen Pullover. Das sah zwar weitaus besser aus als die

48

unmöglichen Uniformen der Mädchenschulen in ihrer Umgebung, aber es war doch immer noch eine Uniform.

This was Paddy's third change of school within a year. From Wicklow to Berlin, from Berlin to Wicklow and now from Wicklow to Dublin. Because he was only a few months in Berlin, he had joined Karin's class there. Now he was back in his ‹own› class – one year ahead of Karin.

They only saw each other in the break. At the beginning she went over to him and some people out of his class, and he would put his arm around her shoulder. Paddy remembered how lonely he had felt in the school in Berlin when Karin never had any time for him. I don't want the same thing to happen to her, he thought, so he made a point of spending his free time in school with her – even though he sometimes felt like doing something else instead.

Karin hatte den Leuten aus Paddys Klasse nicht viel zu sagen, und so fühlte sie sich wie ein fünftes Rad am Wagen. Paddy war einer der wenigen, der mit seiner Freundin auf dem Hof stand. Der will nur mit mir angeben, dachte sie enttäuscht und fing an, die Pausen mit Leuten aus ihrer Klasse zu verbringen.

Nach zwei Wochen glaubte Karin, dass sie den Schulalltag schon richtig gut im Griff hatte. Jedenfalls hab ich mich nicht so blamiert wie Paddy damals in Berlin, dachte sie und holte ihr Strickzeug hervor. Mr. Plunkett, der Geschichtslehrer, erzählte gerade irgendwas über Cromwell. Karin strickte an einem sehr ausgefallenen Muster und sah mit Vergnügen, wie die anderen ganz große Augen bekamen.

«Excuse me for disturbing you, Karin, but what are you doing there?», hörte Karin Mr. Plunkett fragen. Einige aus der Klasse kicherten über Mr. Plunketts sarkastischen Tonfall.

«Knitting», antwortete Karin gelassen.

«I see. And when you are finished knitting maybe you would like to write a letter, read a book or listen to some music instead of doing history, am I right?»

Karin schluckte. «But I can knit and listen to history at the same time. In Germany we are allowed to knit at school.»

49

Mr. Plunkett looked angry: «Today is not April Fool's Day. You can't tell us stories like that. Allowed to knit in school indeed! I've never heard of such a thing. Please put your knitting away and pay attention.»
Karin wurde rot und packte ihr Strickzeug wieder weg.

«But we really are allowed to knit in school in Germany», erzählte Karin am Nachmittag als Ehrengast im ‹German Club›.
«Oh, yes», sagte Maeve, ein Mädchen mit dunklem Haar, «my sister worked in a school in Germany for a year as an assistant teacher, and she told us that, too.»
Im ‹German Club› trafen sich alle, die Deutsch lernten. Viele waren es nicht, vielleicht so vierzig an der ganzen Schule; erste Fremdsprache war eindeutig Französisch. Man traf sich einmal im Monat, aß selbst gebackenen deutschen Kuchen und quatschte – auf Englisch natürlich. Karin war die erste echte Deutsche in diesem Kreis. Mit ihr versuchten einige sogar, Deutsch zu reden. Schade, dass ich kein Dirndl anhabe, dachte Karin boshaft.

Der Zufall wollte es, dass Ms. O'Callaghan Karins Flötenunterricht um eine Stunde verschieben musste. Dieser Zufall führte dazu, dass Karin jetzt häufiger mit dem wandelnden Cello in der Musikschule eintraf oder ihm beim Weggehen die Tür aufhielt. Karin ertappte sich sogar dabei, dass sie nach dem Unterricht auf dem Gang herumtrödelte, wenn sie meinte, dass das Cello noch nicht mit seiner Stunde fertig war. Natürlich hätte sie nie zugegeben, dass sie auf ihn wartete.
Der Zufall in Gestalt eines kräftigen Regenschauers war es auch, der dafür sorgte, dass Karin den Jungen hinter dem Cello tatsächlich kennen lernte. Es goss so, dass sie auf ihren traditionellen *Saturday mooch* verzichtete und gleich zur Bushaltestelle ging. Schon nach zwei Minuten war sie patschnass. Paddys blöder Witz über die Bushaltestelle, mit dem er sie beim Trampen hatte aufheitern wollen, fiel ihr wieder ein. You would neither die of boredom nor starve to death, dachte sie, you would drown first.

Ein großer roter Wagen fuhr an die Haltestelle heran und hupte. Schön wär's, wenn mich jemand mitnehmen würde, dachte Karin, aber wenn man hier so gut wie niemanden kennt... Es hupte noch mal. Karin schaute sich das Auto genauer an und sah das Cello auf dem Rücksitz liegen. Der Junge auf dem Beifahrersitz kurbelte die Scheibe runter: «Do you want a lift?» Dankbar stieg Karin ein.

«Dreadful weather, what?», sagte die Fahrerin, nachdem sich Karin auf der Rückbank neben das Cello gezwängt hatte.

«Yes, terrible», antwortete Karin.

«Where can we drop you?»

Das verstand Karin nicht.

«Where do you live?», half der Junge.

«In Booterstown.»

«Good. That's not too far out of our way», stellte die Frau fest.

«And where do you live?», wollte Karin wissen.

«We have a farm not far from Enniskerry», antwortete die Frau, die mit ihrem Schmuck und ihrem eleganten Kleid nicht aussah, wie sich Karin eine Bäuerin vorstellte.

«Henry says you are also a pupil at his music school, is that right?», fragte sie.

«Yes, that's right», bestätigte Karin. Aha, Henry hieß er also.

«And what instrument do you play?»

«Flute.» Karin ärgerte sich, dass ihr als Antwort nicht mehr als die paar Worte einfielen. Sie musste ziemlich blöd wirken.

«You don't come from here, do you?», fragte Henry, als ob er wusste, woran sie gerade dachte.

«No, I come from Germany.»

«I say, you do speak super English though», schwärmte die Frau, «how long have you been here?»

Karin erzählte die Geschichte von Maureen und ihrem Vater. Über Paddy sagte sie nur das Notwendigste.

«You really must come to visit us at our farm some time», sagte Henrys Mutter, als Karin in Booterstown aus dem Auto stieg.

«I would like that very much», antwortete Karin und sah Henry an.

«What about next Sunday, then?», fuhr die Mutter fort, «you could come out for the day. Henry will tell you how to get there next Saturday.»

«O yes. Thank you very much. Good-bye.» Toll, toll, dachte Karin. Sie freute sich sehr. Nie wieder würde sie auf den Regen fluchen. Wenn es heute nicht geregnet hätte…

## Auf hohem Ross

Ding dong. Karin und Paddy merkten, wie sich der weiße Spitzenvorhang im Wohnzimmer ein wenig bewegte. Drinnen sah man nach, wer klingelte.

A moment later they heard footsteps on the wooden hall floor, a curtain was pulled back and the door was opened. «Hello, Paddy. It's a long time since you took the trouble to visit your old grandmother.» She looked at Karin but didn't say anything. «Well, you don't want to spend your time there standing on the doorstep, do you? Come in.» That was spoken into the space between her grandson and the girl.

Mrs. O'Connor war eine große, stattliche Frau. Sechs Söhne hatte sie gehabt, Paddys Vater war der zweitälteste gewesen.

«Since my Dad is dead, Mum will have nothing to do with her, but she thinks I should visit her sometimes. I am her grandson, after all», Paddy had told Karin in the Bus on the way there.

«Bist du der einzige?», hatte sie nachgefragt.

«Thank God no! She has three grandsons and two granddaughters in Australia, and eight grandsons and eleven granddaughters here», he had replied.

Im Wohnzimmer bestaunte Karin eine Art Atlas über dem Kamin. Auf dem Sims stand eine ziemlich große Marienstatue. Darüber hingen zwei Bilder. «John F. Kennedy and the Pope», Paddy explained later, «two traditional Irish heroes. You'll see them in quite a few houses here.» Links und rechts von Maria waren mehrere Fotos mit lächelnden Knaben aller Altersstufen aufgestellt. Einer davon schien eine jüngere Ausgabe von Paddy zu sein.

«Those are my grandsons», erklärte die alte Dame stolz, als sie merkte, dass Karin die Fotos anstarrte.

«And where are your granddaughters?», rutschte es Karin heraus. Die alte Frau sagte böse: «Don't tell me you are one of these Women's Libbers!»

Karin schaute Paddy fragend an.

«Eine Emanze, meint sie.»

Karin sagte nichts.

They sat down on hard chairs and the granny brought in some tea and biscuits. Paddy asked politely about his cousins and what they were all doing. He told her about the new house and tried to bring Karin into the conversation by saying things like: «Which is bigger, Karin, the back or the front garden?» Karin hatte nicht die geringste Lust mitzureden, murmelte als Antwort nur «the back» und rutschte ansonsten gelangweilt auf dem harten Stuhl herum.

«Maybe you can come out and see it yourself some day, Granny», said Paddy, hoping that she wouldn't. She looked horrified. «Do you think I don't know what's going on there? I would never set foot in a house where two people are… are… living in sin together. And he's a German on top of it all. No decent Irish man would do a thing like that. I'm sure your poor father is turning in his grave. You can tell your mother I pray for her every night.»

Paddy was upset when he heard that. «Leave my father in his grave alone», he told his granny, «I'm sure he would be pleased if he could see how happy my Mum is with Robert now. And anyway, they're getting married soon.»

Mrs. O'Connor's face lit up. «Thank God! My prayers have been answered!», she exclaimed.

«But she's marrying a German», knurrte Karin. Diese alte Frau war einfach unglaublich. Nun tat sie so, als ob sie Karins Bemerkung überhaupt nicht gehört hatte.

«And which church will they be getting married in? The Wicklow one or your new parish church in Booterstown?», she asked her grandson. Paddy gave Karin a look which said: let me handle this. «They haven't decided yet», he said to his granny and smiled.

«Na, hast du dich wohl nicht getraut, der Horroroma zu erzählen, dass sie gar nicht in der Kirche heiraten?», fragte Karin spöttisch auf dem Heimweg.

«I couldn't be bothered explaining that to her. She'll hear about it soon enough and can keep praying for them for all I care.» Paddy was in a foul humour. Visiting that granny was bad enough, but he thought that Karin could have behaved a bit better. She could have spoken about the house, for example.

«And why did you have to ask about photos of granddaughters?», he demanded.

«Keine Sorge! Es wird nicht wieder vorkommen», sagte Karin zuckersüß und schimpfte dann plötzlich: «Ich fahr nämlich nie wieder mit zu deiner beknackten Verwandtschaft.» Sie holte tief Luft. «Die Oma in Donegal ausgenommen», fügte sie etwas leiser hinzu.

Henry hatte Karin am Samstag genau beschrieben, wie sie nach Enniskerry kommen konnte. Jetzt saß sie im Bus und freute sich darauf, ihn näher kennen zu lernen. Karin sah nicht gerade aus wie jemand, der einen Sonntagsbesuch macht: Gummistiefel, Jeans, ein altes Sweatshirt, Regenjacke. Ihre neue rote Cordhose und den schicken weißen Pulli hatte sie im letzten Moment wieder ausgezogen, als sie daran dachte, dass Henry gesagt hatte: «Put on your old clothes. We'll be walking around in the muck.»

Zu Hause hatte sie nur erklärt: «I'm visiting a friend from the music school. They have a farm!» Sie hatte es absichtlich auf Englisch gesagt, weil man bei *a friend* nicht wissen kann, ob es sich um einen Mann oder eine Frau handelt. Es hatte auch niemand nachgefragt. Karin war darüber ganz froh gewesen, denn sie wollte Paddy erst mal nichts von Henry erzählen. Obwohl das ja eigentlich Quatsch ist, dachte sie, ich tue doch nichts Verbotenes, kann er ruhig wissen. Aber so sicher war sie sich da doch nicht.

An der Haltestelle in Enniskerry wartete Henry schon. Karin wusste nicht so recht, was sie machen sollte. Ihm die Hand geben? Macht man hier nicht, so viel hatte sie schon gelernt. Also gar nichts? Auch Henry schien nicht zu wissen, was er tun sollte. Stand da, die Hände in den Taschen versenkt, mit einem leicht roten Kopf.

«Hallo», sagte Karin schließlich und lächelte.

«Hello», antwortete Henry.

Er holte eine Packung Zigaretten hervor.

«Smoke?», fragte er und bot ihr eine an. Karin nahm sie und sah, wie seine Hände zitterten, als er ihr Feuer gab. Der arme Kerl ist ja noch nervöser als ich, dachte sie; eigentlich eine blöde Situation für ihn, da lädt seine Mutter ein wildfremdes Mädchen ein, und er muss sich um sie kümmern. Vielleicht wollte er überhaupt nicht, dass ich komme, schoss es ihr plötzlich durch den Kopf.

«You shouldn't really, you know», sagte er.

Karin sah ihn verwirrt an. Was sollte sie nicht?

«Smoke», erklärte er, «not if you play the flute. It's all right if you play the cello.»

«Oh, I don't smoke very much», antwortete Karin schnell.

Sie gingen auf einem ziemlich steilen Weg aus dem Ort hinaus.

«Have you been playing the cello for long?», fragte Karin.

«No, not really. Only three years.»

«*Only* three years», lachte sie, «that's very long.»

«Not if you wanted to take it seriously. If I wanted to be good, I should have started when I was about five or six.»

Ein paar Schritte lang sagte keiner was.

«And when did you start learning the flute?», nahm Henry das Gespräch wieder auf.

«A few weeks ago», sagte Karin und erzählte von der Kneipe in Donegal, in der sie Lust bekommen hatte, Flöte spielen zu lernen.

«My goodness!», rief Henry aus, «you really have made your way around Ireland already, haven't you? I've never been to Donegal. And I see you have a Claddagh ring. Do they have them in Germany as well, or did you get it here?», fragte er. Karin wurde verlegen.

«No, äh… I äh… my father gave it to me when we came to Ireland», antwortete sie schließlich.

Sie fühlte sich nicht besonders wohl dabei. Das war Paddy gegenüber nicht fair. Aber sie konnte Henry doch jetzt nicht ihre ganze Geschichte mit Paddy erzählen. Das wäre viel zu kompliziert. Außerdem, was soll's. Sie war schließlich nicht mit Paddy verheiratet. Und dies ist nur ein Ausflug. Das werd ich ja wohl noch dürfen, beruhigte sie sich.

«I see, that's a nice present», sagte Henry, «then you probably don't know that the way you wear it has a special meaning.» Auch das noch. So 'n Mist, dachte Karin, und jetzt? Eigentlich konnte sie nur weiterspielen.

«No», sagte sie leise. Henry schien erleichtert. Wahrscheinlich müsste ich jetzt auch noch fragen, was die *special meaning* ist, dachte sie, aber das pack ich nicht.

Schnell wechselte sie das Thema: «Do you have sheep and pigs and hens on the farm?»

Henry lachte: «Good God no! We don't have *that* sort of farm. We breed horses. It's a stud-farm.»

Auf der Farm musste sie gleich die Mutter begrüßen.

«Just so that she knows you've arrived safely», erklärte Henry, «Mother's a dear, really, but she does fuss a lot.»

Die Mutter war *delighted*, dass Henrys *little German friend* vorbeigekommen war, und hoffte, ihre Farm würde Karin gefallen.

Die Farm gefiel Karin tatsächlich. Abgesehen von ein paar Hunden, die sie auf ihrem Rundgang ständig begleiteten, gab es wirklich nur Pferde.

«Those are our hunting-dogs», sagte Henry.

«What do they hunt?», wollte Karin wissen.

«Foxes. Don't you have hunting in Germany?»

Karin hatte keine Ahnung.

«Riders on horseback and a pack of dogs hunt a fox. It's a great

sport. You have to ride cross-country for hours and hours before the dogs find the beast and kill it – if they find it at all, that is.»
Ziemlich grausam, dachte Karin. «And do you hunt, too?», fragte sie. Henry strahlte.
«Oh, yes. I think it's fantastic. My mother has been hunting for years and started me off when I was very young. I wouldn't miss it for anything.»
Er war echt begeistert. Erstaunlich, wie dieser schüchterne Junge aufblüht, wenn er von der Jagd und von Pferden reden kann, wunderte sich Karin. Auf ihrem Rundgang erzählte er ihr ausführlich, welche Pferde schon welche Preise gewonnen hatten und was aus den auf der Farm gezüchteten Fohlen geworden war.
In einem der letzten Ställe sagte Henry: «And this is Monty, my very own horse. How do you like him?»
«Oh, he's beautiful», antwortete Karin und merkte, wie sich Henry freute. Monty war wirklich ein schönes Pferd, kastanienbraun mit einer weißen Blesse.
«You can ride him if you like.»
Wahnsinn, dachte Karin, ich auf 'nem Pferd. «But I've never been on a horse before», wandte sie ein.
«Never? – Then it's about time you were», sagte Henry nur und fing an, Monty zu satteln. Sie führten das Pferd aus dem Stall hinaus.
«Now you put your left foot in the stirrup here, hold onto the mane and swing yourself up and over with your right leg», erklärte er. Karin versuchte es. Offensichtlich nicht mit genug Schwung. Sie kam nicht ganz rauf. Sie lächelte verlegen und versuchte es wieder.
«Maybe it's better if I show you how to mount instead of explaining it», sagte Henry und schwang sich einige Mal in den Sattel.
«Now it's your turn. I'll give you a leg-up this time. Here, put your foot in my hand und up you go.» Diesmal versuchte es Karin mit vollem Schwung – Henry gab ihr noch einen Schubs dazu –, und auf einmal lag sie auf der anderen Seite von Monty im Matsch. Gut, dass ich doch nicht die neuen Jeans angezogen habe, dachte sie, während sie langsam aufstand und sich den Oberschenkel hielt.

«Are you o. k.?», fragte Henry besorgt und half ihr auf.

Der nächste Versuch klappte auf Anhieb. «Good horse», sagte Karin und streichelte Monty. Wahrscheinlich verstand er besser Englisch als Deutsch. Henry spielte jetzt den Reitlehrer. Offensichtlich hatte er eingesehen, dass man nicht einfach so losreiten konnte. «You just sit there and I'll lead Monty around the field. That way you can get the feel of what it's like in the saddle», erklärte er.

In Karins Klasse in Berlin gab es zwei Mädchen, die wirklich für Pferde schwärmten. Aufkleber mit Pferdeköpfen schmückten ihre Bücher und Taschen, und aus der Bücherei holten sie nur Pferdebücher. Ständig redeten sie über ihre Reitstunden. Wenn die beiden mich jetzt sehen könnten, dachte Karin. Sie fing an, ein bisschen zu begreifen, warum man so fürs Reiten schwärmen konnte. Wie schön das war, die Bewegungen des Pferdes zu spüren!

«Well, do you like it?», fragte Henry.

«Oh yes, it's great», antwortete Karin.

«O. k. Now you get down and I'll show you what trotting and galloping looks like.»

Schön sah es aus, wenn Henry ritt. Und man konnte sehen, wie viel Spaß es ihm machte.

«Can you mount Monty by yourself now?», fragte er, nachdem er wieder abgestiegen war. Diesmal klappte es gleich beim ersten Anlauf.

«Maybe you should try to trot a bit now. You have to move with the rhythm of the horse's movement. You stand up a bit in the stirrups and then sit down again, up and down, up and down with the horse. Try it with Monty standing still.» Der ‹Trab auf der Stelle› machte Karin keine Schwierigkeiten. «Now we'll get Monty to trot and you have to go up and down in the saddle at the same time», sagte Henry und ließ Monty laufen. Karin hatte Mühe draufzubleiben. Was bei Henry so elegant ausgesehen hatte, war für sie beim ersten Mal ungeheuer schwierig. Sie wurde gerüttelt und geschüttelt und rutschte fast aus dem Sattel. «You have to do what you were doing a few minutes ago», rief Henry ihr zu.

Es dauerte eine ganze Weile, bis Karin den Rhythmus des Pferdes und ihre Bewegungen zusammengebracht hatte. Als es ihr endlich gelang, wusste sie, dass das etwas war, was sie nie vergessen würde. Am liebsten hätte sie überhaupt nicht wieder aufgehört, aber bald wurden sie zum Essen ins Haus gerufen.

«Oh yes, we have several friends who are music-lovers. Henry sometimes plays the cello for our guests when we have a dinner-party», dröhnte die Mutter bei Tisch. Karin fand sie ein bisschen überwältigend.
«I believe flute and cello combine beautifully. Perhaps the two of you could play together here one evening.» Karin erschrak.
«But I haven't been learning for very long. I'm only a beginner!», protestierte sie. Das brachte die Mutter nicht aus ihrem Konzept.
«Oh I have great faith in the Germans. They've produced such wonderful musicians and composers. I'm sure you are able to play the flute very well already.»
Schon wieder dieses Klischee, dachte Karin. Sie hatte Henry von der Flötenlehrerin erzählt, und er erinnerte sich wohl jetzt daran. Er lächelte ihr zu.
«Well Henry», fuhr die Mutter fort, «maybe you can convince your German friend better than I can.»
«Yes, Mother, I'll see what I can do.» Er klang leicht resigniert.
Später auf dem Weg zur Bushaltestelle erfuhr Karin, dass Henrys Mutter ihn jede Woche mit dem Auto zur Musikschule fuhr und ihn nach der Stunde wieder abholte.
«Mother thinks something could happen to my cello on the bus», sagte er, und es klang, als ob er sich ein bisschen schämte. Armer Kerl, dachte Karin, so eine Mutter möchte ich auch nicht haben. Aber nett war er, unheimlich nett.
Als der Bus kam, verabschiedeten sie sich einfach nur so. Kein Handgeben, gar nichts. Bloß dastehen und ‹good bye› sagen. Bei so einem schüchternen Kerl müsste ich eigentlich die Sache in die Hand nehmen, überlegte Karin. Ob ich ihn das nächste Mal einfach küsse, fragte sie sich, als sie ihm durchs Fenster des abfahrenden Busses zuwinkte.

# Sarah

«Kieran is coming up to Dublin on Saturday. Do you want to meet us after your flute lesson?» Paddy and Karin were sitting on the sofa looking at television. Well, half looking at television and half smooching.

Karin war nicht so richtig nach Schmusen. Es war nicht mehr so aufregend wie während der ersten Zeit in Wicklow und nicht so romantisch wie in Donegal. Außerdem ertappte sie sich, wie ihre Gedanken häufiger in Richtung Enniskerry wanderten. Sie hatte Paddy noch nichts von Henry erzählt. Er hatte nicht mal gefragt, wie der Sonntag auf der Farm gewesen war. Was er wohl von ihrer neuen Bekanntschaft halten würde? Ist ja eigentlich auch egal, sagte sie sich, er kann davon halten, was er will. Trotzdem war sie sehr verwirrt. Sie wusste nicht so richtig, was sie wem sagen sollte. Aber dass sie diesen Kieran nicht treffen wollte, das wusste sie genau.

«Nee, ich mach dann lieber was alleine», sagte sie, «du weißt ja, ich steh nicht gerade auf Kieran.»

Paddy moved away from her. «Your are very choosy, you know. It would be different if you had lots of new friends here yourself, but you haven't. I thought you'd like to spend some time with us, that's all.»

Karin wurde sauer. «Und ich habe ‹nein, danke› gesagt. Das darf man doch wohl noch, oder?»

«Of course you can. Just don't expect me to ask you again.»

Paddy got up und left the room.

Wütend schaltete Karin den Fernseher aus. Jetzt müsste Cristina hier sein oder sonst jemand, mit dem sie reden könnte. Robert und Maureen waren nicht da, wie üblich. Und wenn sie da waren, redeten sie sowieso nur über die bevorstehende Hochzeit und das Baby. Und sonst? Mit Henry könnte sie vielleicht quatschen – aber das war wieder etwas ganz anderes. Am nettesten war bisher noch die Oma aus Donegal; aber erstens war die weit weg, und sicher wäre sie auch nicht gerade jemand, mit dem man in der Stadt rumbummeln, Platten hören, Klamotten ausprobieren oder über zwei Typen reden konnte, besonders dann nicht, wenn einer der beiden ihr Enkel ist. Warum war sie nicht in Berlin! Karin wischte sich ein paar Tränen aus den Augen; lustlos schaltete sie die Glotze wieder ein.

Paddy was in his room lying on his bed. What was the matter with Karin? The two of them were fighting more and more lately. And she was complaining about things all the time. Kieran was a nice bloke. Paddy couldn't understand why she would want to spend the afternoon alone instead of with them. Bevore she and Robert had come to Ireland, he had imagined how things would be. And they had been really nice at the beginning. But now Karin seemed to be changing. What had happened to her?

Wie an jedem Samstag begann Karin auch diesmal ihren *Saturday mooch* mit einem Kaffee. Sie ging in ‹ihr› Café, legte Plastiktüte und eine Packung *Jaffa-cakes* auf einen freien Tisch und reihte sich in die Schlange bei der Kaffeeausgabe ein. Während sie langsam vorwärts kam, musste sie an den Samstag vor zwei Wochen denken.

Als sie da mit dem Kaffee an ihren Tisch zurückgekommen war, saß dort ein Mann, der schon zwei Kekse aus ihrer Packung gegessen hatte. Karin war etwas verunsichert. Machte man das hier so, dass man einfach die Kekse von anderen Leuten aß? Sie beschloss, erst einmal nichts zu sagen, und fing selber an, Kekse zu essen. Seelenruhig griff der Mann immer wieder zu, und bald hatten die beiden in schneller Folge die Packung leer gegessen. Karin wusste nicht so recht, wie sie sich verhalten sollte, und war gerade dabei, sich auf Englisch die Worte für eine Beschwerde zurechtzulegen, als der Mann aufstand und sich ein Stück Marmorkuchen holte. Karin sah einige Sekunden zum Fenster hinaus, dann nahm sie mit einer schnellen Bewegung den Kuchen, biss ein großes Stück ab, legte den Rest auf den Teller zurück und sah wieder zum Fenster hinaus.

Der Mann blickte kurz von seiner Zeitung auf, sah sie an, sagte aber nichts, sondern aß den angebissenen Rest auf. Nach einiger Zeit stand er auf, nahm Karins Plastiktüte und ging. Jetzt reichte es Karin aber! Sie stand auf, wandte sich zum Gang und wollte gerade losschimpfen, als sie mitten in ihrer Bewegung erstarrte: Auf dem Nachbartisch lag, einsam und verlassen, ihre Packung Kekse. Und über dem Stuhl hing die Plastiktüte.

Als Karin diesmal an ihren Tisch zurückging, saß dort ein Mädchen in ihrem Alter. Karin schaute sich vorsichtshalber gründlich um, aber diesmal war es wirklich ‹ihr› Tisch.

«Would you like a biscuit?», bot sie ihrem Gegenüber einen Keks an.

«Thank you», sagte das Mädchen und nahm einen, «Jaffa-cakes are my favourite biscuits, actually.»

«They seem to be very popular here», lachte Karin und erzählte ihr die Geschichte von dem Mann und den Keksen.

Das Mädchen hieß Sarah und kam aus Belfast. Aha, deshalb spricht sie anders als Paddy und Henry, dachte Karin, die es ein bisschen schwierig fand, sie zu verstehen.

«We moved down South because of the Troubles, you know», erklärte Sarah, «my father would have stayed in Belfast, but my mother said she'd have a nervous breakdown if she spent another year there. So we all came down here. Except for Brenda, my eldest sister. She is studying there. We have been in Dublin for three weeks, now.»

Sarah nahm noch einen Keks und fragte: «You aren't Irish, are you? You sound Dutch or something like that.»

Karin lachte. «I'm German.» Sie erzählte, was sie nach Dublin gebracht hatte. «I miss my friends in Berlin», endete sie ihren Bericht.

«Yeah, I miss mine in Belfast, too», stimmte ihr Sarah zu. Beide fanden, dass es nicht gerade leicht war, neue Freunde zu finden.

Sarah hatte an diesem Nachmittag nichts vor, und so gingen sie zusammen bummeln. Die Ohrringe, die Karin am vorherigen Samstag im Schaufenster lange bewundert hatte, fand Sarah auch toll. Jetzt kaufte Karin sie. In einer Boutique probierten sie verschiedene Klamotten an.

«I was in the changing-room in a shop in Belfast one day», erzählte

Sarah, während sie gerade ein Paar Jeans, die ihr zu eng waren, zum Ständer zurückbrachte, «I had just squeezed myself into a boilersuit and…»

«Into a what?», unterbrach Karin.

«Well, you know, it's like what some workmen have to wear – a type of overalls – but a fashionable version», erklärte Sarah. «Anyway, I had just squeezed myself into one which was really too tight for me, and pulled up the zip. And then guess what happened!»

Karin zuckte mit den Achseln.

«Bomb-scare. The alarm went and we all had to leave the shop as quickly as possible. And when I tried to open the zip of the boilersuit I couldn't. It was stuck! I nearly died of the shock. So I had to run out of the shop in a boilersuit which was too tight for me and no shoes or socks on. I could just imagine bits of my favourite jeans flying through the air, and I wondered if I would have to pay for the boilersuit if I walked home in it. Fortunately, the place wasn't blown up, so everything worked out fine in the end.»

«I wouldn't like to shop in Belfast», sagte Karin nachdenklich, «it sounds awful.»

«You get used to it», antwortete Sarah, «you are just searched by the soldiers all the time when you want to go anywhere, which is a bit of a pain. But it could be worse, I suppose.» Was kann denn da eigentlich noch schlimmer sein, fragte sich Karin.

## A double date

| | |
|---|---|
| Während der nächsten Wochen sah Karin verhältnismäßig wenig von Paddy. Sie traf ihn eigentlich nur beim Frühstück und auf dem Weg in die Schule. | Paddy didn't see very much of Karin during the following weeks. They ate their breakfast and cycled to school together, but that was it. Karin seemed to |

Ansonsten schien er sehr beschäftigt. Er machte nun auch in der Fußballmannschaft der neuen Schule von sich reden. Außerdem fuhr er oft nach Wicklow. Angeblich, um mit Desmond Musik zu machen. Wahrscheinlich, dachte Karin, trifft er auch noch dauernd diese Pauleen. Sie war ein wenig eifersüchtig.

Die Eifersucht hielt sich jedoch in Grenzen, stellte Karin zu ihrer eigenen Verblüffung fest. Eigentlich war es ihr ganz recht, dass Paddy nicht so viel Zeit für sie hatte. So traf sie sich oft mit Sarah. Auch Henry hatte sie einige Male besucht; sie waren spazieren gegangen, geritten, und Karin hatte den Wortschwall von Henrys Mutter über sich ergehen lassen. Aber viel weiter waren sie noch nicht gekommen. Henry war sehr freundlich, aber auch so zurückhaltend, dass Karin nicht recht wusste, wie sie die Sache mit ihm voranbringen sollte.

Selbst mit ihm in Verbindung zu bleiben war schwierig. Zu Hause gab es immer noch kein Telefon. Kaum ein Tag verging,

be busy most of the time. She met her new friend Sarah a lot, and then there was also this sudden interest in horses. Paddy had never heard Karin talking about horses before, but now she was always on about them. He was suspicious. Was there a rider to go with the horses? He felt a bit jealous.

But he was surprised to notice that he wasn't too jealous. As Karin was never there, he didn't have to look after her all the time. He joined the soccer-team in his new school. It was a real challenge because they were much better than his old team. And they trained more often. But he got on well. Soon he was scoring as many goals there as he had done in Wicklow. He went down to Wicklow quite often. He met the gang for coffee there, or played a bit of music with Desmond. Sometimes he went for a walk by the sea with Pauleen.

When Karin wasn't out, she usually sat at home complaining. Often it was about the telephones. Paddy could live an dem Karin nicht darüber schimpfte. Es war ja auch so albern! Sie konnte nicht einfach spontan angerufen werden. Und anrufen eigentlich auch nicht, weil die beiden nächstliegenden Telefonzellen kaputt waren. Also musste man sich immer gleich für das nächste Mal verabreden. Oder schreiben. Schreiben! Im zwanzigsten Jahrhundert! Das musste man sich mal vorstellen!

without a phone – why couldn't she? Her giving out all the time was getting on his nerves. If it wasn't the phone it was the rain or the buses or something else. There was always something to moan about.

«Here's a letter for you, Karin», sagte Maureen an einem Donnerstag, als Karin aus der Schule kam. «Danke.» Sie sah auf den Absender. Henry Mortimer. Von Henry! Toll! Sie wollte gerade den Umschlag aufmachen, als Paddy hereinkam. Schnell steckte sie den Brief in die Tasche.

«Hey, there you are», Paddy sounded very pleased, «imagine – they finally found our pictures!»

«Ach nee!», rief Karin. Kaum zu glauben. Angeblich waren ihre Filme nämlich auf dem Weg von der Drogerie zum Entwickeln verloren gegangen. «Lass sehen, ich hab schon fast vergessen, wie's in Donegal ausgesehen hat.»

Paddy took the pictures out of the envelope and laid them on the table.

«Oh, guck mal, hier, der Torfstich und da, das alte, verfallene Haus aus Mullaghmore.» Karin war ganz aufgeregt.

«And here, the two of us and Rex, the picture that Granny took on the beach in Portnoo. Hey, look! The castle in Mullaghmore. I had completely forgotten about that.»

«Schade», sagte Karin, «das Telefon ohne Wählscheibe in Donegal, das, wo man noch kurbeln musste, ist ganz verwackelt.»

«You and your telephones! I thought you were allergic to them. Why do you want to have a picture of one? Oh look, the signpost in Clifden – remember you took that the day Mr. Osborne brought us on a tour of the west coast?» Paddy was really enthusiastic.

Karin wurde nachdenklich. In ihrer Tasche steckte Post von Henry, und vor ein paar Minuten noch hatte sie sich geärgert, dass Paddy gerade ins Haus platzen musste, als sie den Brief lesen wollte. Und jetzt all diese schönen Erinnerungen an Donegal und ihre romantischen Spaziergänge am Strand.

Paddy went on looking through the pictures. «Hey, here is the main street in Wicklow», he said, «and I didn't know you took a picture of the train station there. Why did you do that?»

«Am Anfang fand ich das so verrückt, dass da überall diese unaussprechlichen Namen auf Irisch neben den englischen standen», antwortete sie.

«Yes, and you thought our postboxes were crazy as well», he remembered.

«Richtig, wo ist denn überhaupt der Schlitz in der Wand?», fragte Karin. «Ich hab keinen Abzug gesehen. Und wo ist die Madonna vor der Kirche?»

They looked at all the pictures again. «Maybe we could send this to Mariann», Paddy proposed, pointing to a picture of himself and Rex: «A man and his dog.» Karin lachte. We haven't laughed together for quite a while, Paddy thought. Pity that he had to go to training now. But there was an important match coming up.

«Karin», he said slowly as he put his sport gear into a bag, «there's a concert on in Bray tomorrow evening. Young rock groups are playing – most of them are still at school. I think it should be good. Would you like to come?»

I'd better not tell her now that Kieran, Pauleen and the rest are coming as well, he thought.

«Ja, gerne!», stimmte Karin sofort zu. Sie hatte schon lange nichts mehr zusammen mit Paddy unternommen, und die Erinnerung an Donegal hatte ihr wieder Lust dazu gemacht.

Nachdem Paddy weggegangen war, öffnete sie den Brief von Henry. Es war nur eine kurze Nachricht.

Woodbrook House,
Enniskerry.

Dear Karin,

A friend of mine has just told me that his rock group is playing in a concert in Bray on Friday evening. Only young musicians are performing there. It sounds good.

Would you like to go there with me? Please phone and let me know. Maybe we could meet beforehand.

Henry

«Scheiße!», fluchte Karin. «So was Hirnrissiges! Und was mach ich jetzt?»

# Das Duell

Irgendwann müssen sich die beiden sowieso mal treffen, dachte Karin und beschloss, alles auf sich zukommen zu lassen. Sie bat Henry, sie schon um vier zu besuchen. Paddy hatte freitags immer bis fünf Training. Erst kann ich Henry auf Paddy vorbereiten, dann können wir zusammen essen und nach Bray fahren, sagte sie sich.

Am nächsten Morgen beim Frühstück erzählte sie Paddy, dass ein Schüler aus ihrer Musikschule, Henry hieß er, zum Essen und mit nach Bray kommen wollte.

«Could it be that he likes horses?», Paddy asked nastily. Karin fühlte sich ertappt. Sie suchte nach einer passenden Antwort. Paddy got up.

«By the way, we'll be meeting Kieran and Pauleen at the concert, too. I thought you'd like that», he said sarcastically as he left the room, banging the door after him.

Toller Anfang, seufzte Karin. Am Nachmittag war sie ziemlich nervös. Fast hätte sie sich beim Zwiebelschneiden einen Finger amputiert. Es wurde vier, halb fünf. Kein Henry. Um zehn vor fünf stand er endlich vor der Tür. Er hatte ihr einen Strauß Astern mitgebracht.

«Oh, danke», sagte sie erfreut und suchte nach einer Vase. Paddy musste bald zurück sein.

«Shall we go for a walk to the sea?», fragte sie Henry, der etwas verdutzt dreinblickte. Wahrscheinlich erwartet er, dass ich ihm erst mal 'nen Tee anbiete oder so, ging es Karin durch den Kopf, aber dann kommt Paddy dazu. Und zuerst wollte sie Henry ein Weilchen für sich haben. Außerdem musste sie ihn wenigstens ein bisschen über Paddy aufklären. Das hatte sie bisher vermieden. Sie steckte die Blumen in eine Vase.

«Come on», sagte sie und hakte sich bei ihm ein.

When they came back, Paddy was sitting in the sitting-room reading the sports page of the *Irish Times*.

«Henry, this is Paddy. Paddy, this is Henry», stellte Karin die beiden vor, wie sie es vor Ewigkeiten in der Schule bei Lieberwein gelernt hatte. Paddy and Henry looked at one another. Paddy's hard steady look held out longer than Henry's. 1 : 0 for Paddy.

Karin schaute die beiden an. Ein bisschen genoss sie es, zwischen zwei Männern im Mittelpunkt zu stehen. Aber war sie der Mittelpunkt? Oder war das nicht ein Duell, bei dem sie die einzige Zuschauerin war? Paddy schien sich ganz groß zu machen. Er wirkte gar nicht mehr wie der schüchterne Junge, als der er ihr in Berlin erschienen war. Eher wie ein breitschultriger Rugbyspieler, der den kleinen, schmächtigen Cellospieler am liebsten vom Platz pusten wollte. Einen Moment war Karin sehr stolz auf ihren Paddy, aber als sie sah, wie er auf Henry herunterblickte und seine körperliche Überlegenheit ausspielen wollte, verflog dieser Stolz gleich wieder.

«We went for a lovely walk by the sea just now», wandte sich Karin an Paddy.

«Yes, it was awfully nice», added Henry.

«*Awfully* nice, was it?», asked Paddy, imitating Henry's accent. Later he told Karin that Henry was a snob and talked with an upperclass English accent. Karin hatte zwar gemerkt, dass die beiden eine verschiedene Aussprache hatten, hatte sich aber weiter nichts dabei gedacht.

«Yes, it was awfully nice», sagte sie nun und warf Paddy einen warnenden Blick zu. Hör auf, so aggressiv zu sein, bedeutete der.

«What about some food?», versuchte sie die Spannung aufzulösen.

Einige Minuten stopften sie schon schweigend Spaghetti in sich hinein, dann sagte Paddy: «Karin told me you learn the cello.»

«That's right», answered Henry.

Niemand sagte etwas; schließlich fragte Henry zurück: «Do you play an instrument?»

«Yes, bodhrán. I'm more interested in folk music and rock than classical.»

«I see», said Henry.

Wieder Stille.

72

«And do you like rock music at all?», Paddy asked casually.

«I prefer classical, really», Henry replied.

«I see», Paddy said and then added triumphantly, «then why do you want to got to the rock concert tonight?!»

Henry blushed. Paddy had hit a weak spot.

Oh, das war gemein, dachte Karin, der erst in diesem Moment auffiel, dass Henry wohl nur ihr zuliebe das Konzert vorgeschlagen hatte.

«I thought Karin might like it», antwortete Henry leise.

Paddy bohrte weiter. Jetzt wollte er wissen, ob Henry Fußball spielte. «No», sagte er nur und war anscheinend vollständig damit beschäftigt, die Spaghetti um seine Gabel zu drehen.

«But I suppose you're always on for a spot of cricket, what?», mocked Paddy in his best upper-class English accent. Karin wusste, dass nur sehr wenige Iren Kricket spielen, da das für sie ein typisch englischer Sport ist.

Falls Henry sich ärgerte, ließ er es sich nicht anmerken. Er schien von Paddys Sticheleien genug zu haben und griff nun selbst an: «The only sport I do is horse-riding. I thought Karin would have told you about that. She has come riding with me a few times and we had a lovely time, hadn't we, Karin?»

«Oh yes, Henry, it was great fun», sagte sie und lächelte ihn an.

«Karin told me you were in Berlin for a while and that it wasn't very easy for you there», Henry continued, «you must have made quite a fool of yourself sometimes.»

Karin war verblüfft. Zwar hatte sie Henry gerade auf dem Spaziergang erzählt, dass Paddy es in Berlin manchmal sehr schwer hatte, aber dass er sich zum Narren gemacht hatte, hatte sie nicht gesagt. Und jetzt musste Paddy denken…

All right, Paddy thought, if you want it rough you'll get it rough. He turned to Karin, put his hand on hers and said to her in German: «Du hast ihm sicher auch von uns erzählt, *darling*, oder? Und hat er auch deinen schönen *Claddagh ring* bewundert?» He stressed the words ‹darling› and ‹Claddagh ring›.

Henry wurde blass. Karin sah vom einen zum anderen, wusste

nicht, was sie machen sollte. Diese bekloppten Typen. Verhalten sich wie Kinder, die sich um ein Spielzeug streiten. Ihr reichte es. Sie ließ ihre Spaghetti stehen und ging hinaus.

Draußen kamen ihr die Tränen. Mit Paddy wäre sie gern weggegangen, mit Henry wäre sie gern weggegangen. Auch mit beiden zusammen. Aber jetzt? Wahrscheinlich war der ganze Abend im Eimer. Sie beschloss, die beiden eine Weile allein schmoren zu lassen. Wahrscheinlich sitzen die jetzt da und schweigen sich an, dachte sie.

Als sie schließlich wieder zurückging, sah sie, dass Henry sich gerade den Mantel anzog, während Paddy sich am Sportteil der Zeitung festhielt.

«I don't think I'll go with the two of you to this concert after all», sagte Henry, «if it were just you, Karin, it would be different, but…»

«Oh, that's o. k.», Paddy interrupted him, «Karin and I will have a nice night out together instead.»

«You can have a nice night out by yourself or with that stupid Pauleen. I'm not going anywhere with you», schnauzte Karin Paddy an. Sie fragte Henry, ob sie ihn wenigstens zur Bushaltestelle begleiten konnte.

«If you like», antwortete er gleichgültig.

«Are you sure you don't want to go to the concert?», versuchte es Karin unterwegs noch einmal. Henry schüttelte nur den Kopf. «I'm sorry that it turned out like this», sagte sie leise.

«It's not your fault if you have such a stupid brother», knurrte Henry.

«He's not really stupid», verteidigte Karin Paddy.

«And he's not really a brother either, is he? I didn't realize what good *friends*, or whatever you want to call it, you two were.» Henry klang enttäuscht.

Sie waren an der Bushaltestelle angekommen. Zum ersten Mal ärgerte sich Karin nicht darüber, dass die Busse in Dublin so unregelmäßig fuhren. Wenn jetzt lange keiner kommt, kann ich die Sache vielleicht wieder in Ordnung bringen, dachte sie. «Why did you say that Paddy made a fool of himself in Berlin?», fragte sie, «I never said that to you.»

«Why was Paddy so rude to me all the time? If he wants to be so bloody nasty then I can be nasty, too.»

«Yes, and the two of you can just ruin the whole evening for me.» Karin war wirklich sauer.

«I'm sure your evening isn't ruined», sagte Henry, «you and Paddy can do something together. You'd probably prefer that anyway.»

Der Bus kam. So 'n Mist. Warum musste der ausgerechnet heute gleich kommen?

«Am I to come to your place on Sunday like we planned?», fragte sie, als er in den Bus einstieg. Er sah sie nicht an.

«I don't think I have any time next Sunday after all. Goodbye, Karin», rief er, und schon war er weg.

Wütend lief Karin nach Hause. Paddy tat immer noch so, als ob er Zeitung lesen würde.

«Du Blödmann!», platzte es aus Karin heraus. «Du hirnverbrannter irischer Armleuchter! Ich finde das unmöglich, wie du mit meinen Freunden umgehst!»

Paddy put the newspaper down. «Oh, you are back, Karin», he said very sweetly, «I thought you were gone off with your young English gentleman.»

«Bloß weil er deiner Meinung nach nicht so irisch ist wie du, heißt das noch lange nicht, dass du meine Freunde so anmachen darfst», schrie Karin.

«You call that idiot a friend?», Paddy smiled sarcastically.

«Ja, bis zu dem Moment, wo er dich kennen gelernt hat, war er mein Freund!»

«Then I don't think much of your friends.» Paddy started reading his paper again as if the conversation was over.

«Das ist mir so egal, was du von meinen Freunden hältst», brüllte Karin, «und du bist mir auch egal! Völlig egal!» Diese Scheiß-Typen! Bloß weil die ihre Hahnenkämpfe abhalten mussten, war der Abend für sie verdorben. Sie lief aus dem Zimmer und knallte die Tür hinter sich zu.

# Da gibt es nur zwei Möglichkeiten ...

Robert und Maureen heirateten im Standesamt in Dublin. Ihre Freunde Cris und Maria waren als Trauzeugen herübergeflogen.

Paddy found it strange to be at his mother's wedding, and even stranger to see her becoming more and more pregnant every day.

Beim Essen fragte Maria Karin, wie es ihr in Irland gefiel. Karin sah, wie Robert, Maureen und Paddy gespannt auf ihre Antwort warteten.

«Na ja», antwortete sie, «so mit der Sprache komme ich inzwischen ganz gut zurecht, ich versteh das meiste, und meistens verstehen die Leute mich auch. Aber jedes Mal, wenn ich meinen Mund aufmache, wissen alle, dass ich keine Irin bin. Dauernd Ausländerin zu sein, find ich ganz schön nervend. Ich glaube nicht, dass ich hier immer leben möchte. Mir fehlen Berlin und meine Freunde.»

«Well, it wasn't easy for me in Berlin either, you know», said Paddy, «having to speak German all the time and having no friends at the beginning. But at least I tried to do something about it and didn't sit around giving out most of the time.» Now he had said it. It sounded a bit harder than he had intended, but he did think Karin could try to make herself more at home in Dublin. *He* knew what it was like to live in a foreign country.

«Deine Situation in Berlin war ja auch anders als meine hier», erwiderte Karin, «ihr seid damals nur zur Probe rübergekommen. Und fünf Monate waren keine Ewigkeit.»

Nun mischte sich Robert ein: «Nun hör aber auf, Karin! Wir sind noch nicht mal fünf Monate hier. Und wer sagt denn, dass wir ewig bleiben? Vielleicht ziehen wir in ein paar Jahren wieder nach Deutschland zurück, oder wir teilen unsere Zeit irgendwie zwischen beiden Ländern auf. Nichts steht fest.»

«Tja», wandte Karin ein, «außer dass ihr – ich meine wir – jetzt hier ein Haus gekauft haben und dass ihr jetzt verheiratet seid und ein Kind bekommt. Wenn das nicht etwas ganz anderes ist...»

Paddy listened carefully to what Karin said. He had never thought about it before, but her situation was very different from his in Berlin. It had been clear from the start that they were not going to stay there forever. But it looked as if the Försters and O'Connors had found a permanent home in Ireland. That's how he thought about it. And he liked it that way, too.

Karin verlebte die nächste Woche in trüber Stimmung. Von Henry hatte sie seit dem verunglückten Abend nichts mehr gehört, Paddy und sie gingen sich aus dem Weg, und dann war dieser Brief von Sarah gekommen, der Karin völlig fertig gemacht hatte. Sarah hatte in aller Eile geschrieben, sie könne Karin in den nächsten Wochen nicht treffen, weil sie mit ihrer Mutter nach Belfast fahren musste – ihre Schwester Brenda war bei einer Bombenexplosion schwer verletzt worden. Karin hatte den Brief fassungslos mehrere Male gelesen. So etwas durfte es doch nicht geben.

In der Schule fand eine Berufsberatungswoche statt, die Karin nicht im Geringsten interessierte. During brunch on Sunday, Paddy told his mother and Robert about the prospects in micro-electronics which he had heard about from the career guidance people.

«And what did *you* find out?», wandte sich Maureen nach einer Weile an Karin, die schweigend am Tisch gesessen hatte. «Was geht mich denn das an», antwortete Karin, «ich weiß doch sowieso nicht, was das alles soll. Ich weiß ja nicht mal, ob ich mit dem *leaving certificate* von der Schule hier überhaupt etwas anfangen kann; es ist bestimmt nicht so viel wert wie unser Abi…»

Paddy saw that Robert was getting angry. He knew that Karin's father worried about her not being happy, but that he also felt she wasn't trying very hard.

What he said now sounded very serious: «Das ist genauso viel wert wie ein Abi. Aber niemand zwingt dich, hier zu bleiben. Du kennst ja die Möglichkeiten.» He leaned back. The atmosphere had become very tense all of a sudden.

«Welche Möglichkeiten?», fragte Karin. Sie war blass geworden; der plötzliche Ernst in der Stimme ihres Vaters klang sehr bedrohlich.

Wollten Robert und die anderen sie etwa nicht mehr hier haben? Stand sie der neuen heilen irischen Familie ihres Vaters im Wege? Paddy saw the hurt look on Karin's face. He wanted to say something to relieve the tension, but he didn't know what.

Robert had gone on talking: «Die deutsche Schule hier in Dublin führt nicht bis zum Abitur. Wenn du also unbedingt ein deutsches Abitur machen willst, weil du meinst, dass das was Besseres ist, gibt es nur zwei Möglichkeiten. Du kannst auf ein Internat in Deutschland gehen. Das kostet uns zwar ein Heidengeld, aber das werden wir schon schaffen. Und in den Ferien kannst du uns besuchen, wenn du willst. Und die andere Möglichkeit, das weißt du genau, die hat es schon immer gegeben: Du ziehst zu deiner Mutter und gehst dort zur Schule.»

Robert had talked in a matter-of-fact way, but even Paddy had felt the impact of every sentence like a punch in the stomach. Poor Karin! He remembered what she had told him about her last stay with her mother. She had been very unhappy there and hadn't got on with her mother's new husband at all. *Spießer* was the word she had used when she had talked about him. He felt so sorry for her now when he saw how she fought with her tears. Without another word she left the room.

In ihrem Zimmer konnte Karin die Tränen nicht mehr zurückhalten. Jetzt war es also raus. Sie wollten sie nicht mehr hier haben. Sie sollte weggehen. Und ausgerechnet zu ihrer Mutter. Nach Celle! Die paar Tage Pfingstferien dort, als Robert nach Irland gefahren war, hatten ihr gereicht. Ihre Mutter war ein richtiger Putzteufel geworden und kümmerte sich ansonsten nur um ihr neues Baby. Ist er nicht süß, der Kleine? Da da da. Baby, Baby, nichts als Baby. Karin hätte dem Schreihals manchmal am liebsten die Luft abgedreht. Ob ihr Vater und Maureen auch so auf ihr neues Baby abfahren würden?

Und dann dieser Mann, den ihre Mutter geheiratet hatte. Eine Leiche auf Urlaub. Hockte nach der Arbeit immer mit 'nem Bier vor der Glotze, schimpfte über ‹Großstadtkinder› und ‹keine Disziplin mehr› und mochte Karin ebenso wenig wie sie ihn. Nein, zu ihrer Mutter, das kam überhaupt nicht in Frage. Karin schlug auf ihr Kissen ein. Warum wollten die anderen sie loswerden? Gut, sie hatte in letzter Zeit ein bisschen viel gemault, aber das konnte doch nicht der Grund sein.

Es klingelte.

«What a nice surprise! I'm sure Paddy will be delighted to see you. Come in», hörte Karin Maureens Stimme.

Desmond, Colm, Helen and Pauleen had come up to Dublin on the train and decided to call in to see Paddy. He was very pleased. He went to Karin's room to ask if she wanted to come down and see them.

Maybe that will take her mind off things, he thought. He saw himself going over to where she would be lying on the bed. He would comfort her and say: ‹I'm sorry if you are so unhappy here, Karin. I just wanted to say for my Mum and myself that we really want you to stay here with us. We don't want you to go a away.› Then he would take her in his arms and hug her till she finished crying.

He stood in front of her door. Knocked. Open the door. Karin was curled up on the bed facing the wall.

«Karin…», he said.

«Lass mich in Ruhe», fauchte sie ihn an. Da sie total verheult aussah, hatte sie sich zur Wand gedreht, als sie Paddy kommen hörte.

«Lass mich in Ruhe und komm mir bloß nicht mit diesen Affen aus Wicklow!»

«They won't bite you, you know», said Paddy sharply before he left her.

Karin hörte, wie er irgendetwas sagte, als er zu den anderen zurückging, und wie alle laut lachten. Pauleen besonders laut und lang. Er hat bestimmt irgendeine Bemerkung über mich gemacht, dachte Karin, über seine schlecht gelaunte, blöde Schwester, die keine Irin werden will.

Noch einmal kamen ihr die Tränen. Dann wurde sie still. Es reicht, sagte sie sich ganz ruhig, wenn ihr mich nicht haben wollt, dann geh ich eben. Paddy, Robert, Maureen – ihr könnt mich alle mal! Spielt doch euer Scheißspiel alleine. Sie stand auf, zog den Ring von ihrem Finger, steckte ihn ihrem Stoffhasen aufs Ohr, legte ein paar Klamotten in ihre Tasche und verließ das Haus. Tja, Kap Aroma, dachte sie, als sie sich noch einmal umdrehte, jetzt wirst du dir wohl einen neuen Namen suchen müssen.

# The lady vanishes

The phone rang at the other end. Someone picked it up: «Hello?»

«Hello. Could I speak to Henry Mortimer, please?»

«Speaking.»

«This ist Paddy O'Connor. We met when Karin invited you to our house in Booterstown.»

«Oh yes.» The voice sounded irritated.

«I was wondering if Karin was with you at the moment.»

«Do you mean here, in Enniskerry? At this hour?»

«Yes.»

«No, she isn't.»

«Oh. I'd hoped she might be.» Paddy was standing in a phone box. It was late in the evening, and Karin still hadn't turned up. He hadn't liked to think that Karin might have been with Henry. But he had to check every possibility.

«Why should she be here?»

«Well», Paddy hesitated, «there was a bit of a row at home this morning, and we haven't seen her since then. Some of her things are gone, too.» He didn't add that she had left her ring behind. That had hurt him most of all.

«You mean she's missing?» Henry sounded worried. «Where could she be?»

«I thought she might have been with you.»

«No, I haven't seen her since... well, since that time I was in your house.»

«I see.»

Karin hatte das Haus verlassen, ohne zu wissen, wohin sie wollte. Hauptsache weg. Am liebsten wäre sie nach Berlin gefahren, aber dafür reichte das Geld nicht. Sie nahm den Bus ins Zentrum. Eigentlich gibt es nur zwei Leute, zu denen ich jetzt gehen könnte, ging es ihr durch den Kopf, Henry und Sarah. Aber Sarah war in Belfast, und Henry – Henry wollte wohl nichts mehr mit ihr zu tun haben.

Im Zentrum war sie nach einiger Zeit in einem der Hamburger-Läden gelandet. In diesem war alles grün: Tische, Verpackung, Tabletts. Hoffentlich das Fleisch nicht auch, dachte sie. ‹The Irish answer to McDonald's› stand es quer über das Schaufenster geschrieben. Natürlich mit grünen Buchstaben. Karin überlegte, ob es so was in Berlin geben könnte, einen schwarzrotgoldenen Burger-Laden. Einen Laden wohl nicht, dachte sie, aber vielleicht einen Bundes-Burger: verkohltes Hackfleisch, Ketchup, Käse. Karin hatte ihren Erdbeer-Shake nur halb ausgetrunken und war dann wieder gegangen. Lauter rausgeputzte Mädchen mit ihren angeberischen Typen, das war das Letzte, was sie ertragen konnte.

After his friends had left in the evening, Paddy had gone to look for Karin. That was when he had noticed that both she and some of her clothes were gone. He had put her ring in his pocket before going to tell Robert and Maureen.

«I told you you were too hard on her, telling her to go back to Germany like that», Maureen accused her husband. That wasn't completely true, but Robert didn't defend himself. He just sat there, looking pale and nodding his head.

Paddy didn't want to believe that Karin had run away. He knew that she hadn't been very happy, but he hadn't thought it was that bad. He also felt guilty because he hadn't talked much to her about it. They seemed only to fight with each other these days. He didn't know what had gone wrong. It had been so nice at the beginning… but when it had started to cool off a bit, then all this fighting had begun.

Maureen wanted to phone the police, hospitals and even the airport straight away. Robert took her in his arms: «Don't be silly, love», he said, «they'll just laught at you. She isn't even gone for half a day yet. She'll be back soon. Just you wait and see.» He sounded confident but Paddy knew that he was worried, too.

Karin war, nachdem sie den grünen Laden verlassen hatte, ziellos herumspaziert. Als sie dabei am Busbahnhof vorbeikam, fielen ihr die Worte von Granny Kavanagh wieder ein: «You are very welcome to visit me any time here in Portnoo – even if you don't come with Paddy.» Komisch hatte das damals geklungen. Jetzt kam diese Einladung wie gerufen. Der letzte Bus nach Donegal, das hatte sie schnell herausgefunden, fuhr in einer halben Stunde, und ihr Geld reichte für die Hinfahrt.

Diese Fahrt kam Karin viel länger vor als die erste, die mit dem fröhlichen Geplauder von Mrs. Moloney und Paddys Erzählungen über Nordirland so schnell vergangen war. Und mit der Freude über den Ring. Tja, der Ring. Ihn hatte sie so lange getragen, dass es ihr merkwürdig vorkam, dass er nicht mehr an ihrem Finger steckte.

Sie saß allein. Draußen war es dunkel, und sie konnte nicht einmal richtig rausgucken. Der Bus, er war fast leer, raste lange über finstere Landstraßen und hielt dann immer wieder in kleinen, hell erleuchteten Städtchen, in denen es um die Kneipen herum sehr lebhaft zuging. Man hörte Musik und Gelächter, wenn die Türen aufgingen. Karin fühlte sich ausgeschlossen. Ob die zu Hause schon bemerkt haben, dass ich nicht mehr da bin, fragte sie sich. Wahrscheinlich nicht. Paddy würde wohl immer noch mit seinen Freunden aus Wicklow zusammen sein. Und Maureen und Robert? Die waren bestimmt gegangen. Spätestens morgen beim Frühstück würden sie es merken. Was sie wohl tun würden? Sich Vorwürfe machen? Hoffentlich!

«The last bus to Portnoo today is long gone, Miss!»

Damit hatte Karin nicht gerechnet. Den ganzen weiten Weg bis Donegal hatte sie hinter sich gebracht und nun so was! Sie stand an der Haltestelle, ihre Tasche in der Hand, ratlos. Zurück? Auf keinen Fall! Außerdem fuhr kein Bus mehr. Trampen? Im Dunkeln und ohne zu wissen, wo's langgeht? Wohl kaum. Und die Granny konnte man auch nicht anrufen. Aber Mr. Osborne, schoss es ihr durch den Kopf, der hat ein Telefon.

While Karin was looking for Mr. Osborne's number in the phone book, Paddy was walking home frome the phone box in Booterstown. Somehow he was glad that Karin wasn't with Henry, but where the hell was she?

Mr. Osborne war sehr überrascht, als er hörte, wer ihn da anrief.
«Well, Karin, what can I do for you? I suppose you are ringing up from Dublin, are you?»
«No, Mr. Osborne, I'm in Donegal.»
«In Donegal? At this hour of the night? What are you doing there?»
Karin spürte einen Knoten im Hals. «I… I…» Sie versuchte, nicht zu weinen. «I left home today… and now I'm in Donegal by myself… and there's no bus to Portnoo and I don't know what to do.» Sie fühlte sich elend.
«You poor thing», sagte die sympathische Stimme am anderen Ende der Leitung, «you just go into that hotel next to the bus stop and sit in the reception. I'll pick you up there in about three-quarters of an hour. And I'll tell Kathleen that you're coming.»
Karin fühlte sich schon ein bisschen besser, als sie den Hörer auflegte.
Granny Kavanagh stand bereits in der Haustür, als Mr. Osbornes Wagen an dem blauen Haus vorfuhr. Als Rex an Karin zur Begrüßung hochsprang und die Granny sie in die Arme nahm, kamen ihr doch die Tränen. Zu stark war die Erinnerung an die schönen Tage mit Paddy in diesem Haus. Granny brachte Karin in die Küche und goss ihr einen Becher Tee ein. «Your poor love! Did you have a fight with them?»
Karin erzählte ihr alles. Dass Robert ihr gesagt hatte, sie sollte nach

Deutschland zurück, dass es in letzter Zeit oft Streit zwischen Paddy und ihr gegeben hatte und dass Paddy sogar Witze über sie riss.

«But you seemed to get on so well here together», erinnerte sich die Granny.

«Vielleicht zu gut», meinte Karin nachdenklich, «ich weiß auch nicht, was schief gelaufen ist, und ich weiß nicht, ob ich nach Deutschland zurückwill. Ich weiß nur, dass ich erst mal aus Dublin wegwollte.»

«Well, you know your are welcome to stay here with me as long as you like», sagte die Granny und goss ihr Tee nach, «and obviously Rex and Minka are pleased to see you again, too.»

Tatsächlich hatte Minka, sobald sich Karin neben den Herd gesetzt hatte, es sich auf ihrem Schoß bequem gemacht. Und Rex hatte sich neben ihren Stuhl gelegt. Als wenn sich nichts geändert hätte, dachte Karin traurig und fing an, Minka zu streicheln.

The telegram arrived in the early morning.

| B. or C. | TELEGRAFA AN PHOIST | | No. 1 | | Date Stamp |
|---|---|---|---|---|---|
| Recd. at } 7.30 M. | Ba chóir an fhoirm seo a chur le haon fhiafraí mar gheall ar an telegram seo. | | Sent at M. | | |
| From O | | | To | | |
| By O | (This form should accompany any enquiry respecting this telegram.) | | By | | |
| Prefix | Handed in at 11 P.M. | Office of Origin and Service Instructions | No. of Words | | |
| | | Donegal | 16 | | |

O'Connor/Forster, Kup Aroma,
Booterstown Lane, Booterstown, Co Dublin

Don't worry    Karin safe in Portnoo.

Granny

Maureen started to cry. «Thank God she's all right», she sobbed. Paddy wasn't really surprised that Karin was with Granny Kavanagh. He felt that he should have thought of that himself. Robert wanted to drive to Portnoo straight away to collect Karin and bring her home.

«I don't think that's a good idea», Paddy told him, «she probably wants to be left alone for a while.» They decided that Paddy would go up there in a few days' time. First of all Karin should have a while by herself to think about things. They knew that she was in good hands with Granny Kavanagh.

Paddy found it strange not having Karin there, and cycling alone to school that morning. Lots of people in school asked him where she was. He told them she was sick – «but nothing serious».

All day long he thought about Karin. Why was she so depressed? Did she really want to go back to Germany? Why wasn't she happy in Dublin? Was he to blame? He didn't think so, but maybe Karin did. What had gone wrong between them?

Paddy war schon längst in der Schule, als Karin aufwachte. Der Geruch von gebratenem Schinken hatte sie geweckt. Bald danach kam Granny mit einem riesigen Tablett zu ihr.

«There's nothing to beat a real good Irish breakfast», sagte sie, «even though it's nearly lunchtime now.» Sie stellte das Tablett auf den Tisch neben Karins Bett. «And you'd better eat it all up because you'll need the energy. Rex is downstairs waiting to be taken for a long walk today!»

# Stormy days

Mr. Osborne fuhr am nächsten Tag wieder nach Mullaghmore. Karin wollte mit.

«But it's not at all like it was in the summer when you were there last. It's really windy and wet there now. You're better off here where you can stay inside if it rains.»

«But I'd like to go there again. And I like walking in stormy weather.» Besonders jetzt, dachte Karin, je wilder, desto besser.

«O. k.», seufzte Mr. Osborne, «but put on warm clothes. Kathleen probably has a thick pullover which you can wear, and you should put on your raincoat. I'll see if I can find a pair of boots for you.»

Am nächsten Morgen stand Karin dick vermummt am Tor, als Mr. Osborne ankam. In Mullaghmore stürmte es noch mehr als in Portnoo – Windstärke zehn las Karin am folgenden Tag in der Zeitung –, und alle halbe Stunde kam ein kräftiger Schauer herunter.

«I'll be finished with my business at about five o'clock», sagte Mr. Osborne, «we can meet there at the car then. If you are back sooner you can wait for me in that pub over there.»

Karin ging los und kam an eine Stelle, wo sie im Bett eines Baches die Klippen hinunterklettern konnte. Ihre Gummistiefel versanken zur Hälfte im Matsch. Der Bach mündete in einer kleinen Bucht. Gischtflocken wirbelten in der Luft herum; Karin sah vor sich einen Gischtteppich, der aussah wie schmutziger Eischnee, und dahinter einen, der eher frisch geschlagener Sahne glich. In der Ferne dann mannshohe, ja turmhohe Wellen, die sich früh überschlugen und Gischt produzierten, Gischt in Mengen, wie Karin sie noch nie gesehen hatte. Schade, dass Paddy nicht hier ist, dachte sie, während sie die Kapuze in die Stirn zog, um sich besser vor dem eisigen Wind zu schützen, der würde sicher ganz begeistert sein.

Paddy. Sie war ungeheuer wütend auf ihn, und gleichzeitig vermisste sie ihn. Warum war er so anders geworden, so anders als am

Anfang? Mit voller Kraft warf sie einen alten Reifen in die Gischt. Sofort wurde er zurückgetrieben. Es war wahrscheinlich nicht fair, Paddy die Schuld an allem zu geben. Schließlich hatte sie was mit Henry anfangen wollen. Aber Paddy ja auch mit Pauleen, verteidigte sie sich selbst sofort. Irgendwann war die Romantik verflogen. Und danach hatten sie meistens gestritten. Statt weiter Freunde zu bleiben. *I drink to my sister-girlfriend*, hatte Paddy damals gesagt. Wenn sie nicht mehr sein *girlfriend* war, konnte sie dann nicht einfach *sister* und *friend* bleiben? Diese Gedanken schossen ihr durch den Kopf, während sie wieder raufkletterte.

Oben hätte sie der Sturm fast umgehauen. Sie kämpfte gegen ihn an, jetzt kam auch wieder einer dieser Schauer auf sie nieder. Fünf Minuten, und sie war pudelnass, die Hose schien an ihren Kniekehlen zu kleben. Eine halbe Stunde später war sie wieder trocken – luftgetrocknet.

Ein alter Mann kam Karin entgegen. Er schob sein Fahrrad. «Windy day, today», rief er ihr zu und lüftete seinen Hut zur Begrüßung, «not the best weather for a walk.» Er blieb stehen.

«Oh, I like walking in the wind», antwortete Karin laut. Der Wind trieb ihre Worte weg.

«You're not from this part of the country, are you?», fragte der Mann.

Karin lachte. «I'm not from Ireland at all. I come from Germany.»

«I'll bet you've never seen waves like these in Germany.»

«No», bestätigte Karin, «I haven't.»

«Well, let me tell you something», fuhr der alte Mann fort, «there's enough energy out there to provide the whole of Europe with electricity if they only knew how to harness it. The whole of Europe, I say, and Germany as well.»

Karin stellte sich vor: Theo hockt in Berlin vor der Glotze und sieht eine Sendung übers Windsurfen. Und den Strom dafür kriegt er aus Mullaghmore. Eine verrückte Idee.

«Well, I'll be on my way», sagte der Mann und zog nochmals seinen Hut, «enjoy the rest of your walk.»

«Good bye», rief Karin.

Als Nächstes stieg sie einen Hügel hinauf. Von oben erkannte sie in der Ferne das Schloss wieder. Graue Wolken jagten darüber hinweg, es sah düster und gespenstisch aus. Wind und Regen peitschten Karin ins Gesicht. Plötzlich brach die Sonne durch die Wolken, die Strahlen fielen genau auf das Schloss. Märchenhaft wirkte es jetzt, wie verzaubert. Karin sah sich um: regenverhangene Wolken über dem Meer, an der Küste entlang zackig abgeschnittene Klippen. Landeinwärts sah sie die Straße, dahinter Wiesen auf sanft ansteigenden Hügeln, eingefasst von niedrigen Steinmauern. Verloren standen ein paar verfallene alte und einige wenige neue Häuser mit hohen Fernsehantennen in der Gegend.

Und tausend Graus und Grüns und Blaus.

Paddys Schwärmerei für diese Landschaft ist schon berechtigt, dachte Karin, es ist wirklich wahnsinnig schön. Aber eben ganz anders als Berlin. Das konnte man nicht so ohne weiteres vergleichen. In Berlin fühlte sie sich wohl, dort waren ihre Freunde, dort sprach man ihre Sprache.

In Berlin leben und hier die Ferien verbringen, das wäre ideal, dachte Karin weiter. Zu viert in Berlin? Oder lieber ohne Maureen und Paddy, wieder allein mit ihrem Vater? Eigentlich nicht. Das kombinierte Förster-O'Connor-Familienleben hatte schon seine Vorteile. Es ließ einem ziemlich viele Freiheiten, aber trotzdem gab es ein Gefühl von Zusammenhalt. Hatte es zumindest gegeben. Jetzt war sie da nicht mehr so sicher.

Aber zu viert in Berlin – das ging wohl nicht, die anderen waren in Dublin offensichtlich glücklich. Also musste sie in Dublin bleiben? Und wollten die anderen sie überhaupt noch? Wäre es ihnen nicht lieber, wenn sie nach Deutschland zurückkehrte und sie in Ruhe ließe?

Karin spürte, wie ihr bei diesem Gedanken die Tränen kamen. Schnell rannte sie in Richtung Dorf zurück und lieferte dabei dem Sturm, der ihr ins Gesicht blies, einen harten Kampf.

«Well, Miss Red Cheeks. I see the trip out here hasn't done you any harm anyway», begrüßte sie Mr. Osborne, als sie außer Atem am

Auto ankam. «I'm glad the weather didn't get on top of you, or that you weren't blown over the edge of a cliff or something.»

«No, Mr. Osborne», keuchte Karin, «it takes more than a bit of wind to get rid of me.»

Mr. Osborne und Granny taten ihr Bestes, um Karin auch während der nächsten Tage aufzumuntern und abzulenken. Mr. Osbornes Geschichten, Spaziergänge mit Rex und sogar ein Ritt auf dem Pferd eines Nachbarn – schöne Ferien hätten das für Karin sein können, wenn, ja wenn das Pferd sie nicht an Henry, die Sprache der Leute hier im Norden sie nicht an Sarah und ihre Schwester und die Spaziergänge, der Strand und einfach alles sie nicht dauernd an Paddy erinnert hätten.

Sie sehnte sich nach ihm, und immer wenn sie an ihn dachte, wurde sie gleichzeitig sehr wütend, kickte einen Stein aus dem Weg oder warf, zum großen Vergnügen von Rex, einen Stock mit voller Wucht durch die Luft.

Seit Karin da war, konnte sich Rex über mangelnden Auslauf nicht beklagen. Über fehlende Streicheleinheiten auch nicht, denn Karin kraulte ihn oft stundenlang, während sie auf dem Schaffell vor dem Kamin lag und in die Glut starrte. Minka hatte sich damit abfinden müssen, dass Karin ihr ihren Stammplatz weggenommen hatte. Wenn sie so vor dem Feuer lag, kamen ihr Gedanken und Tränen, die auch Granny weder mit lieben Worten noch mit heißen *scones* aus ihrem Kopf vertreiben konnte.

Keiner mochte sie. Ihr Vater wollte sie nach Deutschland abschieben. Sie hatte noch keine richtigen Freunde in der neuen Klasse gefunden. Paddy benutzte sie nur zum Angeben und verjagte auch noch den einzigen Freund, den sie selbst gefunden hatte, und der, dieser Idiot, ließ nichts mehr von sich hören, bloß weil er einmal mit Paddy aneinander geraten war.

Ich gehe nach Dublin zurück. Denen werd ich's schon zeigen! Diese Gedanken standen jeden Tag klarer am Ende von Karins Überlegungen. Sie wusste nur noch nicht genau, was sie wem wie zeigen wollte.

# Das Portnooer Abkommen

Paddy found it very strange to be sitting in a bus to Donegal on a Friday instead of going to school. He felt nervous, too. What would meeting Karin be like? During the last four days in Dublin he had thought about her a lot. Half of him felt very angry. After all, it was her who had been giving out all the time, it was her who had started going out with another fellow, it was her who didn't want to have anything to do with his friends. But the other half sympathized with her. It wasn't easy getting used to a strange place – especially if you think you have to live there forever.

As the bus was making its way nearer to Donegal, he remembered the good time they had had there together. What was Karin thinking about now? Maybe her time away from the family had helped her to see that she could get on fine without them. Maybe she had already decided to go back to Germany. How could he show her that he wanted her to stay?

Granny Kavanagh und Karin saßen gerade bei einer Tasse Tee, als sie jemanden die Tür öffnen hörten.

«Mr. Osborne kommt heute aber früh», sagte Karin. Die Tür ging auf, aber nicht Mr. Osborne kam herein, sondern Paddy.

«Paddy!», Granny Kavanagh was surprised, «don't tell me you've run away from home, too.»

Paddy looked at Karin. Die hatte noch gar nichts gesagt. Sie war völlig verblüfft.

«Well, no, not really», Paddy replied. What was he supposed to do now? Ignore Karin? Hug her? «I came up here because I was just dying for one of your famous cups of tea», he tried to joke. He went and kissed his granny. «You sit down, I'll get the cup myself», he said. While he had his back turned to the two women, he felt they were making some sort of sign to each other.

Granny Kavanagh coughed. «I think I'd better go and do some shopping if we want to have anything to eat für tea tonight.» She stood up and looked at Karin: «Is it safe to leave you alone with Paddy, love?»

«What do you mean *is it safe?*», Paddy asked in a hurt voice, «I'd never do anything to Karin, you know that, Granny.»

«I know, Paddy. I'm asking whether *you*'d be safe with *her*. I hope she's not going to make minced meat out of you!» On that note Granny Kavanagh left the room.

«Hallo, Paddy», sagte Karin. Ein großer Kloß schien in ihrem Hals zu stecken.

«Hello», he replied.

There was silence for a while. «I didn't realize it was that bad», said Paddy after a few minutes.

«Vielleicht hat Granny das ein bisschen zu dramatisch ausgedrückt», sagte Karin und starrte in ihre Tasse. «Aber es gibt trotzdem ein paar Dinge, die zwischen uns zu klären sind.»

«Yes», Paddy agreed. The atmosphere was very tense.

Nach einer kurzen Zeit, die ihr wie eine Ewigkeit vorkam, schlug Karin vor: «Können wir nicht spazieren gehen? Dabei kann man besser reden, als wenn man hier drin hockt, finde ich.»

They walked along the beach. It was another stormy day, huge waves rolled towards the sand.

Karin war hin und her gerissen. Sie freute sich, dass Paddy wieder da war, und hätte ihn am liebsten umarmt; gleichzeitig kam ihre Wut wieder hoch, und sie hätte losheulen und um sich schlagen können. «Vielleicht ist Grannys Idee gar nicht so schlecht», sagte sie plötzlich, «ich glaube, ich werde jetzt Hackfleisch aus dir machen! Lauf los, und wenn ich dich krieg, bist du dran!»

Paddy didn't stop long to wonder if Karin had gone crazy. He started to run. He heard her close behind him, trying to catch up. He ran faster.

Karin war noch nie in ihrem Leben so schnell und so lange gerannt. Sie würde ihn schon einholen.

Paddy knew that this was some sort of game, but he was still afraid. His throat was getting tight and he could hear noises in his ears. He headed for the dunes.

Karin hinterher. Unten an einer Düne, als Paddy hoch hinauf-wollte, machte sie einen gewaltigen Satz und bekam ihn an den Bei-nen zu fassen.

Just like a good rugby tackle. Paddy fell flat on his face. He rolled over onto his back.

Karin stürzte sich auf ihn. Sie fing an, ihn mit ihren Fäusten zu be-arbeiten.

Paddy didn't want to hit back. He didn't know what he should do, so he just tried to protect himself and hoped that Karin would soon get tired.

«Das ist dafür, dass du den einzigen Freund, den ich kennen gelernt habe, mit deinen blöden Sprüchen verjagt hast», japste sie und schlug zu, «und das dafür, dass du mich bloß als Freundin zum Vor-zeigen in der Schule benutzt hast.» Karin war ziemlich erledigt. «Und das kannst du für deine blöden Freunde und deine Pauleen haben, und das», sie nahm ihre letzte Kraft zusammen, «dafür, dass du Witze über mich machst, obwohl du weißt, dass ich sie in mei-nem Zimmer hören kann. Und das –» Das war schon kein Schlag mehr. Karin war völlig fertig. Sie ließ sich auf Paddy fallen.

He turned her over on her back and knelt above her. «And where», he shouted angrily, «are the ones for going out with Henry? For not being interested in my friends or in what I do? For leaving the fam-ily?»

Karin fing an zu weinen. «Leaving the family?», protestierte sie hef-tig. «Ihr wollt mich doch nicht mehr haben!» Sie begann wieder auf Paddy einzutrommeln.

This time he stopped her. He took her hands in his and held them still. «Listen», he said very seriously, «we all – Robert, Mum and I – do want to have you at home. Very much so, Karin», he felt close to tears, «I do like you very much.»

«Wirklich?», fragte Karin und zog ihn in den Sand hinunter.

Paddy was exhausted. Such violence! He hadn't expected a storm of accusations like that. Had he really done all those things? What was wrong with having friends? What was wrong with hugging her in school? And he didn't remember having made jokes about Karin.

He would have to ask her about that. But not now. Now he put his arms around her as they lay in the sand.

Wollen die wirklich, dass ich zurückkomme, fragte sich Karin. Oder sagt der das jetzt nur? Langsam beruhigte sie sich. «Tut mir Leid, Paddy, wenn ich dir wehgetan habe», entschuldigte sie sich, «aber das musste raus. Bis ich leer war. Jetzt fühle ich mich viel besser.»

They lay there together for a while. It started to rain, so they got up and walked along the beach.

«Karin», asked Paddy, «why do you think I make jokes about you to my friends?»

«Na, du bist von meinem Zimmer zu denen gegangen, und gleich haben alle laut gelacht, besonders diese Pauleen», sagte Karin. «Da hast du sicher was Gemeines über mich erzählt.»

Paddy laughed. «Poor Karin. I didn't say anything about you at all. I just said something stupid like ‹Well, I see you all didn't die of boredom while I was away.› And Pauleen laughs at everything I say. Not like a certain German lady I know. Anyway, why would I want to make jokes about you?»

«Vielleicht, weil ich nichts mit deinen Wicklow-Freunden zu tun haben wollte, zumindest nicht mit diesem Kieran…»

Paddy looked annoyed. «Oh God. We're not going to start all that again, are we?», he interrupted her.

«Nein.»

They walked on in silence.

Karin holte tief Luft. «Es ist nicht leicht, darüber zu sprechen, aber das müssen wir jetzt wohl machen», fing Karin schließlich an.

«About what?», Paddy asked, even though he knew the answer.

«Über uns.» Jetzt, wo sie angefangen hatte, kamen all die Gedanken, die Karin in den letzten Tagen durch den Kopf gegangen waren, aus ihr heraus: «Am Anfang, als ich hier rüberkam, lief alles sehr schön, nicht? Wir waren das ideale Paar – kannst du dich noch an unseren romantischen Spaziergang an diesem Strand erinnern? Irgendwie dachten wir, dass es immer so bleiben würde. Aber man wohnt mit seinen gesammelten Eltern im gleichen Haus und hockt sich dauernd auf der Pelle. Da ist es gar nicht so einfach, dabei romantisch zu bleiben. Na ja, das kennst du ja selber.»

Paddy nodded. «I suppose you're right», he admitted.

«Wir haben nie darüber gesprochen. Und auch als es nicht mehr so klappte, haben wir immer noch *happy couple* gespielt. Deswegen gab es oft Krach. Wenn wir gesagt hätten: Gut, hören wir auf, einen auf *Love Story* zu machen, und lass uns stattdessen Freunde werden, ich glaube, das hätte alles viel leichter gemacht. Aber nein, wir saßen weiterhin rum und schmusten.»

«And got on each other's nerves», Paddy picked up where Karin had left off, «that's right. Remember the scene when you didn't want to meet Kieran that time?»

«Genau. Da haben wir auch geschmust. Aber statt zu schmusen, hätten wir ebenso gut Scrabble spielen können. Das war doch nur noch Show.»

«Well, not just show», Paddy interrupted, «I still liked you – like you a lot», he corrected himself and smiled at her.

«Ja, schon», Karin war mit ihren Überlegungen noch nicht fertig, «aber guck mal, wie die Sache mit Henry gelaufen ist. Da lerne ich meinen ersten irischen Freund kennen…»

«Your second Irish friend, I hope», insisted Paddy. He still didn't like to talk about Henry, «and he was just awful. I can't see why you would want to have a friend like that, anyway.»

«Du weißt ja gar nicht, wie er ist. Du musstest ja gleich den eifersüchtigen Ehemann spielen. Als guter Freund hättest du dich gefreut, dass ich alleine jemanden gefunden habe, den ich mag.»

Paddy wanted to defend himself, but Karin had gone on: «Sieh mal, mir geht der Kieran auch auf den Wecker. Aber er ist dein Freund, und man soll die Freiheit haben, sich die Freunde auszusuchen, die einem gefallen, oder? Hauptsache, man drängt sie dem anderen nicht auf.»

«Hmm. I suppose so.»

It had been raining for a while now and they were both wet. But it didn't matter. They walked along the beach with their arms around each other to keep warm.

«So, where do we go from here?», Paddy wanted to know.

«Ich weiß nicht. Ich fänd es schön, wenn wir einfach sagen, wir bleiben immer gute Freunde, und wenn mal was Romantisches da ist, schön, wenn nicht, dann eben nicht. Wir brauchen das nicht so eng zu sehen. Was hältst du davon?»

Paddy smiled at her. «I think that sounds good.»

«Gut. Dann nennen wir das unser Portnooer Abkommen.»

Usually such agreements are signed by the two parties. These two parties kissed instead. A long, warm kiss in the rain.

On the way back to the house they talked about returning to Dublin the next day. Paddy had lots of news for Karin: The German Club in school was putting on some play in German and they wanted Karin to play the main part.

«Stark», freute sie sich, «ich werde Schauspielerin.»

«And I've brought some post for you – a letter from your English gentleman, eh… sorry, I mean from your charming friend, Henry, two from Berlin and one from Belfast. They are in my bag in Granny's house.» He paused for a second. «But that's not all», he said as he fished something out of his pocket, «a certain animal in your bedroom told me that it didn't fancy wearing my ring and that you should take it back – only if you want to, of course.»

Karin nahm den Ring und sah Paddy lange an. In ihrem Magen kribbelte es. Sie hätte sich glatt wieder in diesen Typ verlieben können. Oder war sie immer noch ein bisschen verliebt? Egal, sie verstanden sich wieder, das war die Hauptsache. Sie steckte sich den Ring an den Finger und lachte Paddy an: «Nun sag's schon!»

«What?»

«Na, das, was ihr hier in Irland dauernd sagt, egal, ob es einen Bombenalarm gibt oder ob es tagelang gießt oder ob sonst was Blödes passiert: It could be worse. Jetzt stimmt's doch endlich, oder?»